新・人間福祉学への招待

新しい福祉学への4つの視座

葛生栄二郎［編著］
Kuzuu Eijiro
阪本恭子・高塚延子・杉山博昭
八重樫牧子・谷口美香子

法律文化社

はしがき

人間福祉――このことばをはじめて聞く人も多いと思います。「社会福祉なら聞いたことがあるけど……」と思うかもしれません。人間福祉とは何なのか、そして、その理念は社会福祉とどのように重なり、どのように違うのか、本書はこの問いに対して、一つの考え方を示そうとしています。

序章でもふれますが、戦後の日本は、新しい憲法のもとに福祉国家として再出発をとげましたが、ここで言うところの「福祉」とは、いまだ物質的な豊かさの追求、あるいは利便性や合理性の追求を中心としたものでした。このことは、戦後復興という特殊な歴史的背景のせいばかりではなく、今世紀の社会哲学を圧倒的に支配してきた功利主義やプラグマティズムの多大な影響がもたらした結果でもあったと言ってよいと思います。しかしながら、物質的な豊かさが相対的に実現されればされるほど、このような物質的充足や利便性の向上だけでは真に満足度の高い生活は望めないのだということ、それどころか、かえって人間の内面性の貧困や人間関係の希薄化すらもたらしかねないのだということを現代のわたしたちは強く意識するようになりました。いわゆるＱＯＬへの関心が急速に高まったのも、このためだと言えるでしょう。福祉の領域でも、数や量だけでは捉えられない「価値の問題」が問われるようになったのです。

人間福祉学は、このような認識にたって、社会福祉学と哲学・倫理学・人間学などの価値的考察とをリンクさせることを目指しています。執筆者が集まって定期的に討議を重ね、その成果として発表したのが、二〇〇五年の前著『人間福祉学への招待』でした。今回は、その内容をさらに検討し、前書で論じきれなかった部分を補うなどの改訂を行なっています。また、状況の変化したものについても、適宜、修正しました。

前書同様、本書は教科書として大学で用いられることを第一に考えていますが、大学の場のみならず、社会福祉の将来像に関心を抱く、多くの一般読者にも読んでいただけることを願っています。多くの方々からの忌憚のないご意見、ご批判をたまわれれば幸いです。

二〇一〇年二月

編　者

目次

目　次

序章　人間福祉学への扉

一　社会福祉から人間福祉へ

かつて、社会福祉は貧困がおもな対象でした。戦後の混乱期から出発した日本の社会福祉は、とくにそうだったと言えるでしょう。ところが、現在、その状況は大きく変わってきています。たとえば、二〇〇〇年に成立した「児童虐待の防止等に関する法律」というものがあります。実は、戦前にも似たような法律があったのですが、それは貧困のために子どもを売買したりすることを防ぐための法律でした。ところが、現在の法律は貧困とはほとんど関係がありません。むしろ、その対象は身体的な暴力（ときには死に至る虐待すらあります）、ネグレクト、精神的虐待などで、虐待者は実の母、しかも専業主婦の母親である場合が多いのです。法の目的は貧困の救済から子どもの尊厳や人権を守ることへと変化したわけです。児童虐待ばかりではありません。老人虐待、犯罪の低年齢化、性の商品化、中高年の自殺などなど、実にたくさんの社会問題を社会福祉は対象としなければならなくなりました。しかし、こうした問題の多くは、これまでの社会福祉のやり方では十分な解決が望めないのです。なぜなら、そこには、人間の生きがいとは何なのかとか、人間にとって真の幸福とは何かといった価値哲学的な問いが含まれているからです。

これまで社会福祉学は人間の幸せ（福祉）とは何なのかという価値哲学的な問いを避け、むしろ、生活の快適性や利便性を尺度として福祉に適うか否かを計ってきたのではないかと思います。そして、貧困問題をおもな対象とする限り、それで十分、学問として成り立っていたとも言えるでしょう。ところが現在、社会福祉学でもQOL（生活・人生・生命の質）が問われるようになっています。つまり、人間存在の意味が問われているのです。それは、もはや快適性や利便性の向上だけでは真の幸福（福祉）を実現することができなくなったという、現代社会の要請に応えるためでした。このような時代の要請に応え、本書は福祉研究の専門家と価値哲学（人間学、社会倫理学）の専門家との共同研究によって、新たな福祉学のあり方を示そうとしています。そして、これを「人間福祉」と呼ぶことにしました。人間はどう生きるべきなのか、人間の幸せとは何なのかといった、これまで社会福祉学があまり正面から取り組むことのなかった問題に、あえて取り組むことで、現代の福祉問題を解くカギが見つかるかもしれないと考えるからです。

二　人間福祉が目指すもの

それでは、人間福祉学はどのようなあり方の福祉を目指しているのでしょうか。次に、四つの命題にまとめて考えてみることにしましょう。

◆【命題Ⅰ】人間福祉の目的は人間の尊厳を実現・維持することにある

快適性や利便性の向上だけが福祉の目的ではないとするならば、福祉とは、いったい何を最終目的とした営みなのでしょうか。それは、人間が人間らしい生活を営めるようになること、つまりは、人間の尊厳を実現・維持すること、これこそが福祉の最終目的だと言うことができるでしょう。

そこで、まず第1章では、「人間の尊厳」という概念そのものについて考えてみることにしました。ここでは、「人間の尊厳」ということばには三つの側面があることが述べられています。第一に、人間の尊厳は、人間が人間らしい生活を送れるよう保障する権利、憲法上、人格権とか生存権などと呼ばれる諸権利（rights）の基体のことです。これは近代的な人間の尊厳論がもたらした考え方でした。第二に、人間の尊厳は、あらゆる原理に優越する最高の法や倫理の原理（principles）のことです。ただし、この原理は単一の原理ではなく、人格の「唯一性」「目的性」「可塑性」など、様々な下位原理の複合体とみることができますから、「人間の尊厳」と総称される一連の諸原理があると考えたほうがよいでしょう。その萌芽はすでに中世にみられますが、現代に至って、とくに強調されるようになりました。そして第三に、人間の尊厳は、他者との人間関係のなかで、自己や他者を尊厳あるものとして扱い、接する倫理的な習性、いわゆる徳（virtues）のことでもあります。福祉とは、「権利」「原理」「徳」という三つの側面をもった人間の尊厳を実現し、維持する営みだと言えるでしょう。

◆【命題Ⅱ】人間福祉の対象は「多元的存在としての人間」である

人間が尊厳をもって生きられるためには、単に身体的・生理的な意味での生命が維持できているということだけでは十分でないことはもちろんです。人間は生理的生命体であるとともに、あるいはそれ以上に、精神的な次元をもった存在だからです。そしてさらに、本書の人間福祉学は、人間のスピリチュアルな次元にも注目する必要があることを提唱しています。つまり、人間を身体的・精神的・スピリチュアルという三つの次元をもった「多元的存在」として捉える必要があるということです。人間の尊厳が実現・維持されるためには、人間を多元的統一体として捉え、すべての次元での豊かさが保障されなければならないのです。

第2章では、これまでのＱＯＬ概念が人間の精神的側面までは含んでいても、スピリチュアルな側面にまでは及んでいなかったことを反省的にふまえて、スピリチュアルな次元での人間の豊かさとは何かを検討しています。こんにち、「スピリチュアリティ」ということばは、宗教はもとより、医療、臨床心理など、様々な領域で広く使われるようになりました。ＷＨＯの健康定義に付加されることが検討されたことからもわかるように、スピリチュアリティの次元を考えることは時代の要請だと言ってもよいと思います。それは、「生老病死」という人間存在に不可避な、本質的な「苦」に対するケアを現代社会はあまりにもなおざりにしてきたという反省があるためでしょう。このような「苦」の体験を通じて、人はしばしば、物質的次元とも、精神的次元とも、さらに異なるスピリチュアルな次元の存在に気づかされます。体系化・組織化された宗教を信じているわけではないが、自己を超越する「聖なるもの」「神秘的なるもの」の存在を感じ、畏敬の念を抱くと考える人は、欧米でも、日本でも、少なくありません。むしろ、物質文明の爛熟した社会にあって、なお充たされないものを感じる人の数は増えているとも言えるでしょう。現代社会は、人生の意味・目的といった人間存在そのものが問いと化すような、究極的な問いに対する答えを渇望しているのです。人間福祉は、このような問いに対する解答の模索をも含むものでなければなりません。

本章では、キリスト教や仏教など、様々な宗教の世界でスピリチュアリティがどのように語られてきたかを手がかりに、現代の社会でのスピリチュアル・ケアがいかにあるべきかを論じています。さらに誰もがもっているスピリチュアルな次元に気づくことで、わたしたちは、時間的にも、空間的にも限りある生を乗り越えることのできる存在であることを指摘しています。人間福祉は、いま、ここにある人々の幸せを考えるだけではなく、未来に生きる人々の幸せも視野に入れた福祉学なのです。

さらに、第3章では、マザー・テレサ、寺本松野という二人の人物を通じて、スピリチュアルなケアの具体的実践の姿を描写しています。決して平坦ではなかった二人のケアの実践を支えたものは、ケアすることの「喜び」でした。人は受けることによってではなく、与えることによってこそ多くの喜びを得ることができる。二人の実践はこのことばの真実を証していると言えるでしょう。

◆【命題Ⅲ】人間福祉は「個性の多様性とその共存」を重視する

人間の尊厳は「人格の唯一性・代替不可能性」を求めます。一人ひとりの人間はそれぞれ独特の個性をもつ存在であり、他のものによって代替することのできないユニークな存在として扱われなければならないということです。そこで、人間の尊厳を目的とする福祉も、各人の唯一性を尊重し、個性の自由な展開を保障するものでなければなりません。このような、個性の尊重とそれに応じたライフスタイルの選択は、憲法上、人格権、あるいはプライバシー権とよばれています。日本国憲法では独立した条文がありませんが、憲法第一三条の幸福追求権の一要素として理解されています。

幸福追求権は「アメリカ独立宣言」にも見出される古典的な権利です。これに対し、二〇世紀に入って、いわゆる福祉国家が誕生すると、人間らしい最低限度の生活を保障する権利として生存権が登場してきました。このため、幸福追求権は国家の介入を排除する古典的な自由権、生存権は国家の介入を要請する現代的な社会権というように、幸福追求権と生存権を分離して理解することが多いようです。

しかし、人間の尊厳という観点からみるならば、この両者が密接不可分の関係にあることは明らかです。尊厳ある最低限の生が保障されてこそ、はじめて人は個性を追求することができます。差別なく対等な存在として扱われること、しかも自分の個性を尊重されること、一見、相反するような要請ですが、この両者がともに充たされてこそ、わたしたちは「自分が大切にされた」という実感をもつことができるからです。

とはいえ、尊厳ある生にふさわしい生活が大切だ、個性の多様な展開が大切だと、いくら言ってみても、それを実現に導く制度的保障が充実していなければ、結局、画に描いた餅に終わってしまうことは言うまでもありません。

そこで、第4章では、まず尊厳ある生の保障について、日本の福祉思想や制度の展開をたどりながら、制度的保障がいかに発展してきたか、また、どのような問題が残されているかを論じます。

さらに第5章では、個性の多様な展開の保障について、児童福祉を題材として考えます。「子どもの権利条約」にも述べられているように、すべての子どもは、みずからの個性を自由に展開する固有の権利をもっています。しかし、途上国においても、先進国においても、それぞれ異なる理由によってではありますが、この権利を十分に保障できていないというのが現状なのです。日本のような先進国においては、「子どもの私物化」ということが問題としてあげられるでしょう。現代の人工生殖技術の発展は、遺伝子レベルにまで介入して子どもを親の望む姿に「製造する」、デザイナー・ベビー、あるいはパーフェクト・ベビーと呼ばれる傾向を生み出しました。このような傾向は、生殖技術の使用にまでは至らなくても、子どもに破格の投資を行なうというかたちで潜在的には広く一般化している傾向だとみることができるでしょう。それは、親の願望のために子どもを私物化することになりかねないものであり、子どもの個性の軽視につながるばかりか、ひいては「人格の手段化・道具化の禁止」という人間の尊厳の原理にも反することになるでしょう。しかも、高度情報社会のなかで形成される願望は、各人の「好みのままに」と言いつつ、実際には画一化されやすい傾向をもっており、理想とされる子ども像もかえって画一化してしまうというパラドクスがあります。理想像を実現するために行なわれる過干渉、理想の放棄から生じるネグレクトや暴力など、子どもの私物化傾向が児童虐待の重要な原因の一つになっていることは否定できません。本章では、一方的援助というニュアンスの強い「ウェルフェア」から、子どもの「生きる力」「支え合う力」を引き出す「ウェルビーイング」に転換することで、子どもを権利の客体として捉えるとともに、あるいはそれ以上に、子どもを権利の主体として捉える福祉観への転換の必要性を論じます。

◆【命題Ⅳ】人間福祉の必要はあらゆるところに存在する

「児童福祉」のほかにも、「障害者福祉」「高齢者福祉」など、福祉は細かく分類されて論じられます。このことから、福祉というと、特別な事情をもった人に対して行なわれる何か特殊なサービスのように感じてしまうことがあるかもしれません。しかし、決してそうではないのです。福祉は程度の差こそあれ、あらゆる人、あらゆる家庭に共通して論じうる問題です。わたしたちは誰しも子どもの時代を経験しますし、日常生活のなかで子どもを養育したり、障害を負ったりする可能性をもっているからです。一九九七年より検討が開始された「社会福祉構造改革」は、従来の「措置による福祉」から「契約による福祉サービスの提供」へと理念の転換を図り、福祉を特定の対象者に対する恩恵的措置として位置づけるのではなく、尊厳ある人間すべてが有する自然の権利として位置づけるようになりました。これをさらに発展させ、福祉のニーズはあらゆるところに存在すると考えるのが人間福祉です。したがって、その提供者もわたしたちすべてなのです。人間が尊厳ある存在である限り、しかも他者の助けを必要としない自己完結した存在ではありえない限り、福祉は、すべての人がその行為者であり、すべての人がその対象者であり、すべての場所がその実践の場なのです。言うなれば、「人あるところ、福祉のニーズあり」ということです。特定の法規範に準拠して行なわれる、制度化された福祉を狭い意味での社会福祉と呼ぶとするならば、社会福祉の「専門性」に対して、人間福祉は「素人性」を特徴としていると言うことができるかもしれません［住谷、二〇〇三：七六］。

第6章では、制度を通して行なわれる自立支援とは異なる、地域コミュニティなどが主体となった支援の大切さについて、高齢者福祉を題材として論じています。公的な制度による支援を「公助」と呼ぶとすれば、地域の隣人関係を土台とした助け合いは「共助」と呼ぶことができるでしょう。共助は専門家でなくてもできる、いやそれどころか、人間福祉の素人性が最もよく発揮できる人間福祉のあり方なのです。

この四つの命題に支えられた人間福祉は、まだ始まったばかりです。まだまだ多くの課題や論点が残っているでしょう。しかし、必ずや「未来をひらく新しい福祉」として育っていけるものと確信しています。

第**1**章

人間の尊厳と福祉

◉「所有の論理」から「存在の論理」へ

一　はじめに

近年、社会福祉の目的を「人間の尊厳」の実現・保持にあるとする例がみられるようになりました。そのいくつかの例をあげるならば、まず最も代表的なものとして、一九七五年に国連総会で採択された「障害者の権利宣言」があります。この宣言は、「障害者は、人間としての尊厳が尊重される、生まれながらの権利を有している」（第三条）と述べ、尊厳あるものとして扱われることを人権として確認しています。また、これに先立つ一九七〇年の、わが国の「障害者基本法」も、その基本理念として「すべて障害者は、個人の尊厳が重んぜられ、その尊厳にふさわしい処遇を保障される権利を有するものとする」（第三条）と規定し、人間の尊厳に言及していました。さらに、わが国の社会福祉事業の基本法とも言える「社会福祉法」（二〇〇〇年改正）も、「福祉サービスは、個人の尊厳の保持を旨とし……」（第三条）と規定し、人間の尊厳の保持があらゆる福祉サービスに共通する基本理念であることを確認しています。

しかし、そもそも人間の尊厳とは何なのでしょうか。一見、自明なことばのようですが、あらためてそう問われると、その意味内容をうまく説明するのは、案外、むずかしいことかもしれません。人間の尊厳ということばは内容豊富なようでいて、実は内容のない、美辞麗句の類にすぎないといった冷ややかな批判もあるくらいです。もしそうだとすれば、社会福祉の目的は人間の尊厳だと言ってみたところで、実は、何も語ったことにならないということになるでしょう。そこで、この章では、人間の尊厳とは何なのか、なぜ人間の尊厳は社会福祉の目的だと言われるのか、ということについて考えてみたいと思います。まずは、このことばの歴史をしばらくたどってみることにしましょう。

二　「人間の尊厳」の歴史

◆古代ローマ時代

日本語の「人間の尊厳」ということばは、英語の human dignity などを翻訳してつくられたことばですが、もっと古くは、古代ローマで使われていたラテン語に遡ることができます。dignitas humana、あるいは dignitas hominis ということばです。このことばはどのような意味で使われていたのでしょうか。現存する最古の文献は、キケロ（Cicero; B.C.106-43）の『義務について』（*De Officiis*）とよばれる書簡だとされています。かのカエサルが暗殺された紀元前四四年、キケロが遠くアテネの地で勉強する息子に宛てて送った書簡でした。そこでキケロはこう述べています。

やらなければならないことを考える際、大切なのは、人間の本性が快楽しか感じることのない家畜や野獣よりもいかに優れたものであるか、肝に銘じておくことだ。……肉体の悦びは人間の尊厳にとってあまり価値のあるものではないと言える。……人間の本性にある卓越さや尊厳が何であるかを考えれば、贅沢におぼれたり、甘えただらしない生活をするのは恥ずべきことであり、倹約的で節度のある、厳格で落ち着いた生活こそ誉むべきものだということがわかるだろう。

［Cicero, *De Officiis*: 1.30.105-107］

留学先でハネをのばす息子にとっては耳の痛い、オヤジの忠告だったかもしれませんが、これを哲学的に理解するならば、ここにはキケロのストア的な人間観がよく示されていると言えるでしょう。すなわち、キケロは自然の欲求のままに生きる動物と自然の欲求を理性によって制御し、節度をもって生きることのできる人間とを対比し、理性的コントロールの能力こそが他の動物にはみられない、人間固有の気高さ、つまりは人間の尊厳だと述べているわけです。

キケロに限らず、dignitasということばは当時のローマ人が好んで用いたもので、その意味は「気高さ」とか「威厳」とかというものでした。そして、とくに身分の高い男性が身なりや態度・言動などによっておのずと周囲に感じさせる「高貴さ」「威厳」などをさすことばでした。キケロも、別の箇所で、dignitasを「礼儀をもって尊敬されるに値する人物たらしめるような威厳」だと定義しています［Cicero, *De Inventione*: 2.55.166］。ここで注目すべきことは、dignitasは人が生まれながらにもっている性質ではなく、勇気や正義感などと同様、特別な道徳的習慣づけの結果体得される、ある種の美徳（virtue）を意味していたということです。道徳的習慣によってこそ人は高貴さを身につけるものでしょう。この、貴族の美徳だったdignitasを、彼は人類全般にあてはめ、人間は自然界において「礼儀をもって尊敬されるに値する威厳」をもった高貴な存在にならねばならないとの意味をこめて「人間の尊厳」ということばを用いたのでした。つまり、キケロの言う人間の尊厳とは、すべての人間に、はじめからもれなく備わっているものではなく、欲望を理性によってコントロールする習慣を身につけることで体得される、人類普遍の美徳のことだったのです。これを「徳としての人間の尊厳」と呼んでおきましょう。

◆中世ヨーロッパ

ところが、人間の尊厳は、やがて人間と動物とのあいだには隔絶した差があるのだという、質的差異を表すことばとして用いられるようになりました。中世のキリスト教では、この、人間と動物との質的差異の根拠を『旧約聖書　創世記』の、次の箇所に求めます。

> 神は言われた。「我々にかたどり、我々に似せて、人を造ろう。そして海の魚、空の鳥、地の獣、地を這うものすべてを支配させよう。」神は御自分にかたどって人を創造された。……
>
> 〔『創世記』第一章第二七 - 二八節〕

ここには、人間が他の被造物（神の創造した万物を言います）とは異なって、「神自身に似せて造る」という特異な造られ方をされたということ、したがって、他の動物にはみられない格別の価値が与えられており、他の動物に対する支配権をもっているということが語られています。この、神から与えられた格別の価値が「尊厳」とよばれたわけです。一三世紀のスコラ学者トマス・アクィナス（Thomas Aquinas; ca.1225-75）は、他の被造物は「ほかのもののためにどれだけ役に立つか」という、「有用性」（utilitas）によって価値が語られるが、ひとり人間のみは「それ自体で」価値をもつ、つまりは他のものと比較不可能な価値をもつ、これが「尊厳」(dignitas)と呼ばれる価値だと述べています［T. Aquinas, *III Sent.*,: 35.I.4］。トマスの「尊厳」ということばの用法は、現代でも通用するものでしょう。「あるものが価値をもつ」という場合、AはBより価値が高いとか、低いとかと比較することができますが、「ある人が尊厳をもつ」という場合、AはBより尊厳が高いとか、低いとかと比較することができないわけです。尊厳をもつものはみな等しく尊いのです。

中世キリスト教の「人間の尊厳」論は、高貴な人がもつべき美徳として語られるのではなしに、身分の貴賤に関わりなく、すべての人が「神に似せて造られた」がゆえに等しくもっている神与の価値として語られている点で新しい展開だと言えます。同時に、「人間を利用価値によって測ってはならない」、あるいは「人間を物や動物のように扱ってはならない」などの倫理的要請を導き出した点は、現代にまで受け継がれる大きな功績だと言えるでしょう。このように、人間の尊厳は、人間が守るべき法的・倫理的な行為の基準として語られることもあります。これを「規範としての人間の尊厳」と呼んでおきたいと思います。ただ、人間と他の被造物との質的差異の強調が、人間による自然界の特権的な支配という発想を生み出した点は、西洋キリスト教文明の致命的欠陥だと言われることがあります。これについては、のちに考えることにしましょう。

ところで、人間が「神に似せて造られた」とは、どのようなことを意味するのでしょうか。これについてトマスは、人間は「自然本性上、自由であり、自己自身のために存在する」からこそ尊厳を有すると述べています［T. Aquinas, *Summa Theol.*: II.II.64-2］。つまり、自然法則に従うほかない物質や、本能に従うほかない動物と違って、人間はみずからの自由意思によって行為の選択ができる、地上で唯一の存在である、それはまさに神と共有する特質であって、このことこそ人間が「神に似せて造られた」ということの意味だと言うのです。

このように、中世においては、人間の尊厳はあくまで神が与えたものであり、およそ神なしには人間の尊厳などありえないものでした。また、中世の人々にとっての自由も、神の造り給うた宇宙の秩序に参加していく際に、人間にのみ許された特別な参加の方法を意味するものであり、決してどんな秩序に従うかは人間が勝手に選べるのだとか、何が善で何が悪かは人間が勝手に決められることだとか、という意味ではありませんでした。しかし、やがてルネサンス期に至ると、人間はそれ自体で尊厳があると考えられるようになり、自由についても人間の無限の可能性を意味するようになっていったのでした。

◆ルネサンス期

一五世紀のイタリア・ルネサンス期には、「人間の尊厳」ということばが一種の「流行《はや》り文句」として文献のタイトルなどによく用いられたようです［佐藤、一九八一：九六］。なかでもよく知られているのは、ピコ・デッラ・ミランドーラ（Pico della Mirandola: 1463-94）の『人間の尊厳について』（*De hominis dignitate*）というものです。おもしろいことに、このタイトルは著者自身がつけたものではなく、しかも、本のなかに「人間の尊厳」ということばは一度も用いられていません。にもかかわらず、この文献はルネサンス期の「人間の尊厳」観をよく伝える代表的なものとして評価されるようになりました。

著書のなかで、ピコはこんな創造物語を語っています。創造主である神は万物にそれぞれ占めるべき地位を与えた。ところが、最後に創造した人間については、もはや与えるべき地位が残っていなかった。そこで神は人間に自由意思（arbitrium）を与え、好みのままに自分の占める地位を決定できる存在にした、というのです。天使でしかありえない天使や、獣でしかありえない獣と違って、人間は自由の使い方しだいで天使にも、獣にもなれる、まるでカメレオンのような存在だと彼は述べています［ピコ、一九八五：一八］。

創造物語のかたちをかりてはいますが、ここでは、もはや人間は宇宙の秩序の一部分ではなく、むしろそこから特権的にハミ出した存在として語られ、自由意思の万能性が無条件に肯定されていることがわかります。かくして、万能の自由意思こそが人間に尊厳があることの証拠だと考えられるようになったのでした。

近代になると、自由意思をもつことこそ人間の尊厳だとする考え方に平等思想がつけ加わり、「人権宣言」や各国の近代憲法の基礎となっていきます。ことに、ルネサンス期の「人間の尊厳」観と近代啓蒙思想とを橋渡しした人物としては、サミュエル・プーフェンドルフ（Samuel von Pufendorf; 1632-94）が重要です。このような近代の「人間の尊厳」観は、「徳としての人間の尊厳」とも、「規範としての人間の尊厳」とも、大きく異なるものだと言えるでしょう。むしろここでは、自分がいかなる存在であるのか、自由に自己決定できることの権利を要求する根拠として「人間の尊厳」ということばが用いられていると言えます。これを「権利の根拠としての人間の尊厳」と呼んでおきましょう。

さて、以上のように古代から近代までの「人間の尊厳」論を概観してみると、一口に人間の尊厳といっても、実は、少なくとも三つの側面があることがわかります。「徳としての人間の尊厳」「規範としての人間の尊厳」「権利の根拠としての人間の尊厳」の三つです。これらの側面が福祉とどのように関わってくるのかについては、のちに考えてみたいと思います。その前に、現代の「人間の尊厳」論に最も大きな影響を与えたイマヌエル・カント（Immanuel Kant; 1724-1804）の議論をいくぶん詳しくみておきましょう。

三　カントの「人間の尊厳」論

◆カントの人格論

カントは、その著『道徳形而上学原論』において、わたしたちの行為が真に道徳的であると言われるためには、どのような条件が必要かを検討しました。そして、カントによれば、ある行為が真に道徳的であるためには、単に「義務に適って」いるだけではなく、「義務に基づいて」いなければならないと言います［カント、一九七六：三〇以下］。たとえば、見つかったら処罰されるから盗みをしないとか、人に褒められたいから困っている人を助けるといった行為は、たしかに「義務に適って」いるとは言えますが、結局は利己的な動機でしかなく、道徳的には評価できないと言うのです。「義務に基づいて」いると言えるためには、「盗みをするのは悪いことだから盗まない」とか、「困っている人は助けるべきだから助ける」というような、無条件の行為、他の目的のためではなく、その行為を果たすことそれ自体が目的となっているような行為でなければならない、というのがカントの考え方です（これを「定言命令」と言います）。そして、このような行為のできる存在を、彼は「人格」（Person）と呼んだのでした。

したがって、人格は当然に人間でなければなりません。モノや動物など、そもそも自由意思をもたないものは道徳的に意味のある行為を選択することができないからです。しかも、「義務に基づいて」行為するためには、自分の内面にしっかりとした善悪の道徳律をもち、人の意見に左右されたり、欲望に惑わされたりすることなく、自分の正しいと信じたことを貫き通すだけの強い意志が必要だということになるでしょう。カントの言う「人格」とは、このような自律した道徳的主体のことであり、人格をもった存在であることこそが人間の尊厳にほかならなかったのです。

◆カント哲学の二面性

カントの「人間の尊厳」論は、自由意思こそ人間に尊厳があることの証だということですから、その限りで、近代的「人間の尊厳」論に連なるものだと言えます。しかし、同時に彼は、人間の尊厳は「他者を自分の目的達成のための手段として利用してはならない」とか、「他者をモノや道具のように扱ってはならない」などといった道徳的要請を導き出すものだとも考えていました。人格は他者もまた人格として扱わなければならない、「他者を人格として扱う」とは、値段のつけられるような手段や道具としてではなく、値段のつけられない価値（これが「尊厳」と呼ばれる価値です）をもった最終目的として扱うことだ、とカントは言います〔カント、一九七六：一〇三〕。つまり彼は、「権利の根拠としての人間の尊厳」と「規範としての人間の尊厳」との両面を考えていたのだと言えるでしょう。

この両者は当然に表裏一体のものだと考えることもできますが、必ずしもそうとも言い切れないのは、手段化・道具化の禁止は、他者にだけではなく、自分自身にも適用されるとカントが考えていた点です。たとえば、自殺の場合を考えてみましょう。自律した人格の自己決定を尊重することが人間の尊厳の尊重だとするならば、自由な意思決定のもとに行なわれる自殺を禁止することは、むしろ尊厳の侵害ということになります。事実、人格の自律性を何よりも大切にするオランダでは、自己決定する力を失ったならば、その時点で人は人としての尊厳を喪失するのだと理解し、安楽死すること（みずから自殺薬を飲むこともあります）を法的に認めているのです。

これはすぐれて自由主義的な「人間の尊厳」観だと言えるでしょう。イギリスの法理学者ジョセフ・ラズ（Joseph Raz）は、「人間の尊厳を尊重するとは、将来を計画し、構想する能力ある存在として人間を扱うことである。つまり、各人の尊厳を尊重するとは、各人の自律性を尊重することであり、将来を自己の管理下に置く権利を認めることである」［Raz, 1979: 221］と述べています。

ところがカントは、たとえ自由な意思決定だったとしても、自殺することを認めませんでした。自殺は自分というものを苦痛な状態から逃れるための手段として用いることだ、というのです［カント、一九七六：一〇四］。つまり、人格を手段化・道具化してはならないという道徳的要請は、他者だけではなく、自分自身にも適用されるということです。この場合、「権利の根拠としての人間の尊厳」と「規範としての人間の尊厳」は、表裏一体というよりは、むしろ相互に対立した関係にあると言えるでしょう。このほか、みずからの自由意思に基づいて奴隷的拘束を受けいれた場合、これを認めることのほうが当人の尊厳を尊重したことになるのか、禁じたほうが尊厳の尊重になるのか、といった問題を考えてみてもよいでしょう。カントの意見は自律性といえども絶対ではなく、人間の尊厳に適った、他の人も採用できるような普遍性をもったものでなければならないというものでした。

◆カントと現代社会

中世に生きた人々は、その地域に伝わる伝統や慣習に、とくに疑問をもつことなく従い、問題が生じれば教会の神父様の教えに服従するといった、まことに受動的な生き方をしていました。こうした生き方はかたちや程度の差こそあれ、どこの国にも共通してみられるものだったと言ってよいでしょう。これと比べてみれば、みずからの決断と責任によって、みずからの人生を創りあげていくというカントの人格論は、近代的人間像に哲学的な基礎づけを与えるものだったということがわかります。のみならず、カントは、近代社会がやがては直面するであろう危機、つまりは現代のわたしたちの社会が、いま、まさに直面している危機をも鋭く予言するものだったと言えるかもしれません。

わたしたちの生きる近代資本主義社会においては、商品として交換価値をもつものこそが「価値あるもの」とみなされるため、たえず、より高い交換価値をもつものを、より多く、より効率的に産出することを求められています。このような社会のあり方は、ともすれば当人の生産物を超えて、当人それ自体が交換価値で測定されてしまうという、人間の商品化現象を招くものだと言えるでしょう。カントが交換価値で測定できるモノや道具と交換価値では測定できない、つまりは尊厳という価値をもつ人間とを厳しく峻別しようとしたことは、ありとあらゆるものを貪欲に根こそぎ商品化しようとする現代社会の危機を見越していたかのように感じるのです。

しかも、高度情報化社会という美名のもとに、わたしたちは、朝、目覚めてから夜、眠りに就くまで、たえず刺激的なコマーシャリズムの洪水にさらされ、欲望を煽られ続けています。みずから商品やサービスを選択しているつもりでも、実は、欲望を強引に掘り起こされ、欲望に引きずりまわされているのかもしれません。欲望に隷従することなく、むしろ欲望を理性の支配下に置いてこそ自律した人格たりうるのだというカントの教えは、これまた時代を先取りした、現代社会への警鐘としてみることができそうです。

すべてが商品化される社会、たえず新たな欲望が掘り起こされる社会、効率性を競わされる社会、人間が十把一からげに扱われる社会――こうした現代社会のあり方に対する危機感と反省が、いま、様々な領域において、人間の尊厳を再び想起させているのではないでしょうか。近代の初頭において人間の尊厳の重要性を説いたカントは、現代社会の危機の予言者的な性格をもっていたと言えるでしょう。

◆カント哲学の限界

しかし、カント哲学にも問題がないわけではありません。理性によって統御された自由意思をもってこそ人格だというカントの人格論をみるとき、わたしたちの社会には、このような要件を満たしえない多くの人々が存在していることに気づくはずです。幼児、高齢者、病者、障害者の多くは、カントの言う人格たりうることができないと言うべきでしょう。カント的人格のみで構成された社会というものは、現実には存在しえない仮想の社会なのです。このことは、基準を引き下げて、人格たりうる要件を緩和してみたところで、やはり社会のなかに人格を持つ人と持たない人との二分法をもたらすという点では変わりがありません。結局のところ、理性をもっているか否か、自由意思をもっているか否かなど、「何かをもっているか」によって人格か否かを認定し、尊厳を見出そうとする限り、しかじかの能力を所有しているか否か、あるいは、どれだけ所有しているかという相対的尺度で人間の価値を測定せざるをえないことになるわけです。このことは、人間の価値を相対的尺度で比較することはできないというカント自身の信念に反しますし、本来「目的」であるべき人間を容易に「手段」に転化してしまう危険をはらむものだと言うべきでしょう。

さらに、現代の功利主義哲学者ピーター・シンガー（Peter Singer）の批判をあげておきましょう［Singer, 1993: 55ff.］。彼の批判は、カント哲学に向けられたものというよりは、西洋哲学の根本前提に対して疑問を提起するものでした。彼によれば、そもそも人間の尊厳という発想そのものが幻想だと言うのです。この世のありとあらゆる生物種のなかで、ひとり人間のみが選び別たれた特別な存在であり、尊厳という独特の価値を有していると考えるのは、キリスト教の創造説話に由来する神話にすぎず、合理的な根拠をもっていない、しかも、これは単なる神話ではなく、人間中心主義の傲慢を生み出す、タチの悪い神話だと言うのです。人間のみが他のあらゆる生物種より優れており、人間のみが自然界を支配できると考えるのは、他の生物種を差別する、人種差別（racism）ならぬ種差別（speciesism）の思想である、むしろ、あらゆる生物種が等しなみにこの地上において生きる権利を有しているのであり、人権（human rights）なるものも、すべての生物の有する動物権（animal rights）の一部分でしかない、というのが彼の主張です。キケロの書簡でもみたように、西洋哲学は、キリスト教に限らず、ギリシア・ローマ思想にあってすでに、動物に対する人間の優位性を説くものでしたから、シンガーの主張は、たしかに西洋哲学の根底を揺るがすものだと言えるでしょう。

仏教がしばしば「人間の尊厳」という表現を避け、「生命の尊厳」という表現を用いる傾向があるのも、生きとし生けるものすべてが内在的に「仏性」をもつと説く仏教思想の表明であるとともに、西洋哲学の有する人間中心主義への静かな批判がこめられているのかもしれません。あるいは、「障害者基本法」や「社会福祉法」など、日本の法律の文言が「人間の尊厳」とは言わず、「個人の尊厳」という表現を用いているのも、ひょっとすると「人間の尊厳」という表現に西洋的、あるいはキリスト教的な偏りを感じているからかもしれません。人間社会の利便性向上のみを考えた、近代のテクノロジー発達と比例して起こった生物種の急速な減少や自然環境の加速度的な破壊などを考えれば、シンガーの痛烈な批判には否定しがたい説得力があるはずです。

しかし、興味深いことに、あらゆる生命の平等性を説く仏教やジャイナ教などとは異なり、シンガーの功利主義哲学は無条件な生命の平等性を説くものではありませんでした。たしかに、人間と他種生物とを区別すべき根拠はないとは言いますが、彼は、生命には尊重に値する度合いに段階があると言うのです。苦痛を感じることのできない生命体よりは苦痛を感じることのできる生命体、さらには、みずからの死を予見できない生命体よりはみずからの死を予見して恐怖しうる生命体のほうが、より尊重に値するとします。快・苦の感受性を尺度とようというところがいかにも功利主義的であるわけですが、このような生命価値の測定方法は、結局のところ、人間の優位を帰結するでしょう。のみならず、「種」という枠組みを否定するシンガーの理論は、みずからの死を予見する能力をもたない人間の幼児よりも、死を予見できる成熟したサルのほうが生命体として価値が高いとすら主張します。みずからの死を予見する能力をもたない重度の知的障害者についても同じことが言えるでしょう。

このようにみてくると、人間中心主義批判という、一見、説得力のあるシンガーの問題提起も、実はその反転として、人間の生命価値を相対化し、人間相互間の差別主義を生み出してしまうものだということがわかります。結局のところ、カント哲学を批判するシンガーも、「何かを感じる能力をもっているか」といった、いわば「所有の論理」でもって人間社会を二分化してしまうという点では、カントと同様の問題を有していることになるわけです。人間福祉の最終目的、基本理念となるべき人間の尊厳は、「所有の論理」とは異なる、別の論理でもって理解されなければならないでしょう。それが、次に述べる「存在の論理」です。

四　存在の論理

◆ペルソナという考え方

カントが自律した理性的主体を表すことばとして用いた「人格」という概念は、本来、キリスト教神学で用いられた、古い歴史をもつものでした。それは「ペルソナ」(persona)ということばで、語源的には、演劇で使われる「仮面」を意味することばだったといいます。そこから発展して、仮面によって区別される「配役」を意味するようになり、さらには、社会において各人の果たす「役割」を意味するようになりました。社会生活のなかで、わたしたちは、ちょうど舞台に立つ役者のように、仮面をつけ、それぞれの役回りを演じているのだといったニュアンスでしょう。もっとも、今日では、もはやその意味すら失われ、英語でもフランス語でも、person（仏：personne）は、ただ単に個体としての「人」を意味することばでしかありません。

一方、古代のキリスト教神学者ボエチウス（Boetius; 480-525）は、このことばの語源に近いニュアンスを神学に取りいれ、キリスト教神学のなかでも最高度に重要な「三位一体《さんみ》」の教義を説明しました。三位一体論とは、同一の神が「父なる神・子なるキリスト・聖霊」という三つの現れ方をするのだという教義で、決して三つの要素が密接不可分に結びついているといった意味ではありません。キリスト教の神はあくまで唯一神ですから、父・子・聖霊は三つの神が存在しているわけではなく、さながら舞台の役者が仮面をつけ換えることで異なった役を演じ分けるように、一つの神が役割に応じて三つの異なった現れ方をしているのだ、というのがボエチウスの説明でした（この考え方は、カトリック・プロテスタントを問わず、あらゆるキリスト教共有の公式教義です）。そこで、彼は「神は一つだが、三つのペルソナをもっている」と表現したのです。この場合、日本語では、神の「人格」ではおかしいので、神の「位格」と訳されます。

カントが用いた意味での「人格」とは異なり、キリスト教の人格論は、ペルソナということばのもつ本来の意味を地上に生きる一人ひとりの人間にあてはめたものです。すなわち、すべての人は、他の人によって代替することのできない、固有の役割＝ペルソナを付与されてこの世に送られて来たのであり、たとえその境遇がどのようであれ、たとえいかなる人生の軌跡をたどろうとも、この地上には無用な人、存在理由のない人というものはいないのだという信仰です。わたしたちは人の手によってつくられた様々な尺度によって個人の価値を測定したり、人生の意義を比較したりしますが、それらの尺度は神の目からみればおよそ意味のないものであって、人の目には価値なきものに映ろうとも、すべてのいのち、すべての人生には、無類の価値と固有の存在意義がこめられていると考えます。これが、すべての人は人格を有するということの意味です。したがって、人が人格をもつとは、何かの能力や資格を有するがゆえにそう認定されるのではなく、すべての人はこの地上に一個の「いのち」として存在しているという、ただそれだけですでにペルソナ=人格なのです。したがって、人格は高かったり低かったりすることもなければ、獲得したり喪失したりすることもありません。カント的な人格論が「所有の論理」だとすれば、このような考え方は「存在の論理」にたった人格論だと言えるでしょう。

◆「存在の論理」にたった人間の尊厳論

「存在の論理」にたった人格論からは、人間の尊厳は次のように理解されるでしょう。

第一に、すべての人は、その能力・境遇・経験のいかんにかかわらず、他の存在によって代替することのできない唯一性を有しているということ、これが人間に尊厳があると言われるゆえんです。日本語では、しばしば「かけがえのなさ」ということばで表現されるものです。人間の話ではありませんが、アメリカではかわいがっていたペットが死んだときに備えて細胞を保存し、死後、クローニングによってペットを再生しようという試みがあります。この試みについて日本でアンケートを行なったところ、実に、八一%の人が「ノー」と答えたという統計があります。なかでも最も多かった答えは「死ぬからこそ、いのちは大切だ」というものでした。この答えをもう少し正確に言うならば、いのち(人間はもとより、あらゆる動物のいのち)は、一回性・不可回帰性をもったものであり、一度失われれば永遠に回復することができないというところにこそ尊さがある、かりにクローン個体をつくり出したとしても、それは唯一性をもった「あの人」「あの個体」を復元することにはならないのだ、ということでしょう。生命価値の軽視が問題にされているとはいえ、全体としてみれば、まだまだ日本人には「かけがえのなさ」という直感が共有されているのだと思います。

第二に、唯一性をもった人格の価値は、それぞれに絶対なので、実用性とか効率などといった相対的尺度で測定したり、比較したりすることができないということです。この点は、「所有の論理」に立脚した人格論と最も異なる点だと言えるでしょう。カトリックの回勅『いのちの福音』は、この点を次のように述べています。

人間の尊厳の基準は——これは、尊敬、寛容さ、奉仕を求めますが——能率、実用性、有益性に取って代わられています。すなわち、他の人々は、彼らが「そうあるもの」としては受け取られず、「何をもち、何を行い、何を生産するか」の視点でみられるのです。これは弱者に対する強者の支配にほかなりません。

［ヨハネ・パウロ二世回勅、二〇〇一：四七］

「そうあるもの」、つまり、存在そのものとしてみられるのではなく、「何を所有しているか」によって人間がみられるとき、人間の価値は能率や実用性などの相対的尺度で測られるようになる、それは社会のなかに「強者」と「弱者」との対立を生み出し、強者による弱者の支配を正当化してしまうのだということです。人格の価値は相互に比較不可能だという観点からするならば、社会的・経済的に有利な条件にある人と不利な条件にある人とが存在することは事実として認めるにしても、その価値において、本質的な意味で強者と弱者が存在するわけではないと言わなければなりません。社会は、すべての構成員がその各々のペルソナを発揮することによって過不足なく成立している共同体なのです。よくあげられる喩《たと》えですが、社会はジグソーパズルのようなものだと言えるかもしれません。それぞれのピースはみんな違った形をしていて、大きいものもあれば小さいものもある。

形の整ったものもあれば、いびつなものもある。しかし、すべてのピースはその形のままで、いや、その形であるからこそ、ジグソーパズルは過不足なく完成する。「存在の論理」からみた社会とはそのようなものだということです。大きくて形のよいピースはパズルを埋めていくのに効率的かもしれませんが、人間の共同体という複雑なパズルを完成に導くという保証はないのです。人格の唯一性や比較不可能性からは人間の平等性が必然的に帰結しますが、万人が平等なのは、すべての人がみんな同じだからではなく、すべての人がみんな異なっているから平等なのだと言うべきでしょう。たしかに、ジグソーパズルのピースはみんな形が異なっているからこそ、すべて平等な価値をもっているわけです。

第三に、カントが定式化したように、人格の価値は他と比較することができないため、自己であれ、他者であれ、人格を手段として用いたり、道具化したり、商品化したりすることができないということです。すでに指摘したように、カントの「人間の尊厳」論には人格の自律性と手段化の禁止という二面性があるわけですが、一口に欧米社会と言っても、アメリカやイギリスなど、自由主義の浸透した社会では、人間の尊厳と言えば自律性のことを意味しています。これに対し、フランスやドイツなど、共同体主義の伝統のある国では手段化の禁止が強調されているようです。手段化や道具化、ひいては人が人を商品化することさえ起こりうる現代社会にあっては、この要素は、やはり人間の尊厳の不可欠な要素だと言うべきでしょう。

第四に、人格の非操作性ということも人間の尊厳の一要素だと言えます。つまり、ペルソナは獲得するものではなく、与えられるものですから、これまた自己、他者を問わず、人格は自分の都合や利便性のために勝手につくり変えることのできないものだということです。こんにち、遺伝子操作や高度の生殖医療・終末期医療などの出現によって、ほとんど人間の「製造」あるいは「改造」に等しいような人為的操作が可能になりました。わたしたちは、まるで、みずからの生物学的宿命さえハイテクを駆使して超克してしまおうとしているかのようです。こうした恣意的操作は、シンガーの指摘のとおり、自然界において本来占めるべき位置を見失った人間の奢《おご》りであり、みずからその尊厳を損なうものだと言えるでしょう。

自分の都合や目的達成のために人格を手段化したり、道具化したりすることは、広い意味で人格を操作することだとも言えますから、人格の非手段性と非操作性は同じことなのかもしれません。ただ、現代の生命操作の発達の結果、「いのちを操作してはならない」ということが、とくに強調されるようになったことを考えれば、独立の要素として扱うことも許されるでしょう。

もう一つだけあげておきましょう。第五に、人格には可塑性があるということも人間の尊厳の要素です。すなわち、人格は変わるものだし、変わりうるものだということです。ある意味で、人類の共通遺産と言えるような芸術作品も、唯一性、かけがえのなさを有しているわけですが、可塑性という要素は、やはり人間固有だと言えるでしょう。どんな作品も変わってしまえばその価値を失ってしまうからです。ところが、人間は変わりうるから尊いのだと言える唯一の存在なのです。フランスの哲学者パスカルは、人間の悲惨さと偉大さについて、こう書き記しました。

> 心を揺さぶり、咽喉《のど》を締めつけるような、あらゆる悲惨を見せつけられようとも、われわれは、みずからを高めようとする抑えがたい本能をもっている。
> [Pascal, Pensees: sec.411]

人間の現状は悲惨で絶望的だけれども、なおもそれを乗り越えようとする希望を抱き続けるところに人間の偉大さがあると言うのです。パスカルは、たえず変わりゆく可塑性をもっているところに人間の尊厳をみたのでした。あるいは、人間はたえず成長し続けるものだと言ってもよいでしょう。このことは、さきにあげた人格の非操作性と矛盾するようにみえますが、決してそうではありません。子どもを親の勝手な都合によって操作してはならないということは、子どもの自発的成長を否定することを意味するものではないはずです。むしろ、人格の可塑性、潜在的な可能性を否定することこそ、人を自分の操作可能な支配下に置こうとすることだと言うべきでしょう。人格は、変わるものではあるけれども、恣意的に変えてはならないのです。その人の状況がどうあれ、すべての人は変わりうる可能性をもっており、誰もが潜在的な力を秘めていると信じることこそが、その人に人間としての尊厳を認めることなのではないでしょうか。

人間の尊厳には、ほかにも様々な要素があるでしょう。ここでは、とくに福祉の問題を考えるうえで重要だと思われるものだけをあげてみました。人間の尊厳をこのように捉えてこそはじめて、福祉の目的は人間の尊厳の維持・実現にあるということの意味が正しく理解できるのだと思います。

五　福祉のなかの人間の尊厳

◆権利の根拠としての人間の尊厳

まことに大雑把な言い方ではありますが、二〇世紀以降発達した社会福祉も、やはり、近代的「人間の尊厳」論と同様の「所有の論理」に立脚していたとみることができると思います。すなわち、社会福祉は「社会的強者」という「持てる者」が、「社会的弱者」という「持たざる者」を引き上げ、もって実質的平等化をはかろうとする営みとして理解されてきたのです。それは、社会には「所有の論理」によって査定された強者と弱者とがいるのだという二分法を前提とした発想だったと言えるでしょう。

しかし、すでにみたように、現代の社会福祉（わたしたちは、これを人間福祉と呼びます）は、そもそも社会に強者と弱者が存在するという発想そのものを否定するのです。知的・精神的・身体的にいかなる状態にあるにせよ、万人は、まさにこの地上に「いのち」として存在しているということそれ自体で、かけがえのない価値と潜在的可能性をもった強者なのであり、同時に、どこかに弱さをもち、いつかは他者の助けなしには生きられない弱者なのです。ノーマライゼーションとは、強者が弱者を社会へとノーマライズすることではなく、社会を強者も弱者もない世界へとノーマライズすることだと言えるでしょう。すべての人が強者であるとともに弱者であり、したがって、すべての人が福祉の主体であるとともに、その客体でもある社会こそがノーマライズされた社会、つまりは「当たり前な社会」なのだとみるのが人間福祉の見方です。

わが国の「ソーシャルワーカーの倫理綱領」は、ソーシャルワーカーの活動を支える五つの原則の第一として「人間の尊厳」をあげ、この点を次のように表現しています。

　ソーシャルワーカーは、すべての人間を、出自、人種、性、年齢、身体的精神的状況、宗教的文化的背景、社会的地位、経済状況等の違いにかかわらず、かけがえのない存在として尊重する。

福祉国家では、すべての人が尊敬に値する生活ができるような社会条件の実現を国に要求する権利（生存権）をもっており、国はそのような条件を実現する責務を負っています。こうした権利の根拠にあるものは、やはり人間の尊厳でしょう。しかし、生存権は「持たざる弱者」の権利ではなく、万人の有する人格の唯一性の保障であり、相対的尺度では測ることのできない、人格価値の保障であると考えられなければなりません。また、人格権、あるいはプライバシー権と呼ばれる権利も、各人固有のペルソナを自由に展開する権利だと理解できるでしょう。高齢者や障害者に対する自立支援が必要なのも憲法上保障された人格権を実現するためです。

国家はこれらの権利を尊重し、十全に実現できるよう保障する法的責務を負っています。それは、単に尊厳を侵害しないという不作為が要求されるだけではなく、実現の妨げを積極的に排除すべき作為が要求されているとすべきでしょう。序章でも述べたように、生存権と人格権はいずれも人間の尊厳を根拠とした相互不可分の権利なのです。すべての人は、それぞれの知的・精神的・身体的状況に応じてユニークな人生を展開する権利をもつとともに、それを実現するための尊厳ある生を営む基盤も保障されなければなりません。そして、尊厳ある生の保障とは、単に経済的なもののみにとどまらないのです。

◆規範としての人間の尊厳

人間の尊厳は、権利の根拠であると同時に、様々な行為を規制する規範の根拠でもあります。その場合、人間の尊厳は、唯一性・比較不可能性をもった人格を「モノ」や「商品」のように扱ったり、手段化・道具化したりすることの禁止、さらには、恣意的に操作・介入することの禁止を意味するでしょう。

これらの禁止は、福祉の場においても様々に適用されますが、比較的わかりやすい例をあげるならば、身体拘束の問題があります。身体拘束とは、看護や介護の現場で、安全確保の必要上、患者や利用者をベッドやイスなどに縛りつけることを言います。場合によっては、手にミトンを着けさせたり、拘束服を着せたりということもあるようです。二〇〇一年一一月に青森県で行なわれた調査によれば、回答のあった介護施設のうち、五五・八％で身体拘束がみられたと言います（最も多かったのは、ベッドに柵を設けるというものでした）。こうした身体拘束は、身体機能の低下をもたらす、精神的屈辱感を抱かせるなど、様々な問題点が指摘され、一九九九年の厚生省（当時）令によって、やむをえない場合以外、原則として禁止されることになりました。ここで指摘しておきたいことは、身体拘束の禁止の最も根本的な理由は、やはり、それが人間の尊厳を侵害する行為だからだということです。身体機能の低下などの理由が本質的でないのは、機能低下を起こさなければ拘束してもよいのか、という問いを考えてみれば明らかでしょう。身体拘束が許されないのは、施設側の意図・目的のいかんにかかわらず、この行為が、客観的に見て、患者や利用者を「モノ」として扱い、身体を物理的に操作することによって人格を支配下に置こうとするものだからです。身体拘束は、自己または他者への危険が明白かつ差し迫ったもので、他に代替手段がない場合に限られるべきものであって、これを原則禁止とした厚生省令は「規範としての人間の尊厳」を具体化したものであると言えるでしょう（もっとも、厚生省令に書かれているか否かにかかわらず、正当な理由のない身体拘束は、憲法第一三条の人格権や第一八条の奴隷的拘束からの自由によって禁止されていると考えられます）。さきの青森県で行なわれたアンケートで、「身体拘束をなくすために一番重要なことは何か」という問いに対して、「人間の尊厳を尊重する」という回答が最も多かったのは、当を得たことだと思います。

高齢者や障害者の問題に限らず、児童福祉においても、たとえば児童虐待の少なからぬ原因が、親による子ども道具化、人格支配にあると言われることも、よい例だと思います。

一方に権利があれば、他方にはそれを尊重すべき義務が生じるので、「権利の根拠としての人間の尊厳」と「規範としての人間の尊厳」とは表裏一体だと言えなくもありません。ただ、すでに指摘したように、かりに人格権に基づく自己決定を認めたとしても、みずからの尊厳を侵害するような行為選択は禁止されると考えるべきでしょうから、この意味では、「規範としての人間の尊厳」はあらゆる権利に優越する法原則だと言うことができきます。ありえない想定かもしれませんが、たとえ当事者が身体拘束に同意していたとしても、人間の尊厳を侵害するような身体拘束は正当化されないと言うべきでしょう。このことは、当事者の同意が自由かつ熟慮のうえのものかどうかにかかわりません。それは、当事者の自由かつ熟慮のうえの同意であっても、人格の道具化・商品化につながる売春行為や人格支配につながる麻薬売買が正当化されえないのと同様です。

◆徳としての人間の尊厳

さらに、人間の尊厳は、各人が行為の反復を通じて体得すべき倫理的習慣、すなわち徳として語ることもできます。人間の尊厳が徳でもあることについては、こんにち、あまりふれられることがありませんが、この概念の歴史でもみたように、実は、これが最も古い用法なのでした。そして、この徳は、現代社会において、何よりもまず復興すべき徳だという意見もあります［Meyer, 2002: 195-207］。

まず、個人倫理として考えるならば、それは自己の尊厳を大切にする倫理的習慣だと言えるでしょう。キケロは、野獣のように欲望の欲するままに行為するのではなく、みずからの欲望をコントロールし、節制を保つことこそ人間の尊厳だと述べました。欲望への屈服が人間を人間以下のものに堕落させるのだということでしょう。いかにもストア的な理解ですが、これを、より現代的に言うならば、自己の唯一性や代替不可能性を大切にする習慣だと言えます。自分をモノや道具のようにみなし扱うこと、さらには商品化することは、みずからを人間以下のものに貶《おとし》める行為であり、この徳に反することだと言えるでしょう。また、自尊心を大切にしつつも、同時に、自分の限界に謙虚であることも、自己の尊厳を保つことだと言えます。いかに自由な存在であろうとも、なおも勝手に操作することの許されないものが自分のなかにはあるのだという倫理観、いわば、自己のなかの他者性に気づき、これに畏敬の念をもつということです。

社会倫理として考えるならば、それは他者の尊厳を尊重する倫理的習慣、具体的には、（胎児や胚も含めて）他者をかけがえのない唯一性をもった存在として扱う習慣、あるいは、他者を自分の欲望の実現手段にしないという習慣が、徳としての人間の尊厳だと言えます。個人倫理と対比させて言うならば、他者の中に自己性をみることだと言えるかもしれません。また、シンガーの批判をふまえるならば、この徳は人間に対して発揮されるだけではなく、自然界全体に対しても発揮されるべきものでしょう。つまり、自然を人間の欲望の実現手段にしないということです。本来、人間の尊厳は人間の優越性を意味するものですが、現代の「人間の尊厳」論は、むしろ、人間は自然のなかの一員だという謙虚さを求めるものです。自然からの逸脱は、人間を優越した存在にすることよりも、人間を堕落させることのほうがよほど多いという反省は、現代の共通した認識でしょう。さらには、他者の潜在的可能性を信じ、その成長を援助するということも他者の尊厳を尊重する徳だと言えるでしょう。こんにち、高齢者や障害者の潜在的能力を引き出すエンパワーメント（empowerment）ということが福祉の重要な課題になっているのも、このためだと言えます。

わたしたち人間社会の幸福を実現するためには、これを阻む社会的条件の除去が何よりも大切です。しかし、それだけで実現できるものでもないのです。最後に必要なのは各人の徳とその実践だと言えます。社会的条件の充足を目指した、かつての社会福祉が、いま、人間福祉という新たな段階への発展を求められているのはなぜか、その理由もここにあるのではないでしょうか。

第2章 スピリチュアリティとスピリチュアル・ケア

◉未来へつながるケア

もしも魂が不死であるならば、われわれが生と呼んでいるこの時間のためばかりでなく、未来永劫《えいごう》のために、魂の世話をしなければならないのである。

プラトン『パイドン―魂の不死について』

一　はじめに

「スピリチュアリティ（spirituality）」――このことばから、あなたは何を連想しますか。ためしに書店をのぞいてみてください。そこには風水や占い、瞑想《めいそう》のような「精神世界」のものから、マッサージ、セラピー、ヨガ、気功といった「癒《いや》し」に関するものまで、実に様々な「スピリチュアル本」が並んでいます。このように、宗教学、文化人類学、心理学、代替医療など多種多様な分野でスピリチュアリティが語られるようになったのは、アメリカやヨーロッパでは一九八〇年代以降、日本では一九九〇年代後半以降のことです。

では、スピリチュアリティとは、どのような意味をもつことばなのでしょうか。語源をみると、「息」や「風」という意味のラテン語（spiritus）に由来する“spiritualitas”にたどり着きます。赤ちゃんの産声《うぶごえ》を耳にしたことがあるでしょう。あれは生まれた直後の、最初の呼吸とともに生じる泣き声です。つまり、スピリチュアリティのもともとの意味は、母親の胎内に宿ったいのちが人間として生まれ出ることを象徴する「呼吸」なのです。「魂」や「霊」を意味する「スピリット（spirit）」や、「精神的」、「霊的」と訳される「スピリチュアル（spiritual）」、「直感」、「ひらめき」という意味の「インスピレーション（inspiration）」も、そこから派生しています。

この章では、まず、スピリチュアリティと宗教との関わりをみていきます。世界にはいろいろな宗教がありますが、ここではキリスト教と仏教を手がかりにしましょう。次に、医療と看護の現場に目を向けて、スピリチュアル・ケアを取り上げます。そのなかで、イエス・キリストとマザー・テレサのことばと行ないをもとに、ケアの心を学びましょう。そうして、過去から現在まで続くスピリチュアリティの流れを知って、未来のスピリチュアリティはどのようにあるべきか、またどのようにあってほしいかを一緒に考えていくことにしましょう。

二　スピリチュアリティと宗教

◆スピリチュアリティの定義

こんにち、スピリチュアリティは様々な学問の観点から定義されています。代表的なものをいくつか紹介しましょう。

①　至高体験ないし意識の変容状態［Wilber, 1999: 561-567］。

② 魂を養い、自分の霊的な生を発達させるプロセスと、その結果［Elkins, 1998: 26］。
③ 死に直面し、人生の生きがい（人生の意義と目的）を探求しようとする魂の傾き［デーケン、二〇〇一］。
④ 人間に本来的に備わった生の意味や目的を求める無意識的欲求やその自覚［安藤、二〇〇七：二九］。
これらをまとめて、スピリチュアリティを次のように定義しておきます。

スピリチュアリティとは、生の極限状況において、個人の意識を超えた「何ものか」とのつながりを実感する全人的（ホリスティック）な体験であり、一人ひとりに授けられた「いのち」と「魂」に深く関わることである。

この「何ものか」は、たとえば「力」や「存在」と呼ばれますが、特定の宗教の「神」とは違います。スピリチュアリティは、ある宗教を信じているかいないかによらず、誰でも実感することができるのです。それは、理性や意識、心理など精神の部分だけでなく、無意識の状態や身体においても体験する全人的なものでもあります。宗教の一つの特徴として、唯一絶対的なものを信仰の対象として崇拝し、他の宗教や自然の摂理を低く評価しがちであることがあげられます。一方、スピリチュアリティは、それぞれ別の神や教義をもつ様々な宗教が根底において共有する「宗教的な何ものか」に関わります。

ところで、「宗教（religion）」には「再び結びつける（re-ligare）」という意味があります。これまで各宗教は教団として組織化され、制度化されて、一定の集団や地域を結び合わせ、社会をまとめてきました。しかし、近代以降、経済成長による社会の産業化と都市化にともなって、そうした宗教の役割は失われていきます。

このように時代と社会が大きく変化するなかで、スピリチュアリティは、たとえば「新霊性文化」［島薗、一九九九：四六］と呼ばれるような、新しい宗教文化として現れました。日本では一九九〇年代以降に、社会や文化に抑圧されて見失った「本来の自己」を、瞑想やセラピーによって取り戻すことを目指す「ニューエイジ運動」が広がります。その一つの要因として、人々の生活と宗教との結びつきが弱まったことが考えられるでしょう。社会の情報化とグローバル化、個人のライフスタイルの多様化はますます進んでいます。これまで人間に人生の意味と目的を教え、自分らしく生きるための指針を示していた神、そのような確固とした宗教的基盤は揺らいでいます。学校や家庭、あるいは地域社会が神の代わりを務めるわけでもありません。人々は「自分」だけを頼りに生きていかざるをえなくなりました。

ところが、そこには常に不確実さの感覚や不安、また孤独感がつきまといます。さらに、自由と多様性が重視される現代社会において、「自分は誰なのか」という問いに明確な答えを与える基準は一つではありません。自分のアイデンティティを証明する手がかりの数は増えたものの、一つひとつの力は弱まったのです。こうして、「自分探し」を続けて迷いながら生きる現代人は、新たなかたちの「何ものか」と結びつくことを求め始めたと言えます。自然を畏《おそ》れ敬い、自然と共存しながら生きていたアメリカ先住民の物語のなかに、次のようなことばがあります。宗教的なものを多彩な観点から捉えて、スピリチュアリティを幅広く理解しましょう。

祖母は話し続けた。「だれでもふたつの心を持っているのよ。ひとつはね、からだの心（body-living mind)、つまりからだがちゃんと生き続けるようにはたらく心。でも人間はもうひとつ心を持っているの。からだを守ろうとする心とはまったく別の心でね、魂の心（spirit mind)。からだが死ぬときには、からだの心もいっしょに死んでしまう。でもね、魂の心だけは生き続けるのよ。それはちょうど筋肉みたいに、使えば使うほど強く大きくなっていくの。どうやって使うかというと、ものごとをきちんと理解するのに使うのよ。そしてね、理解というのは愛と同じものなの」。

［カーター、一九九五：一〇〇‐一〇一］

◆キリスト教の霊性

キリスト教では、スピリチュアリティは「聖霊（Holy Spirit）」を表す『旧約聖書』の「ルアッハ（ruah）」や『新約聖書』の「プネウマ（pneuma）」の訳語として用いられてきました。日本語では「霊性」と訳されています。『旧約聖書　創世記』にはこうあります。

主なる神は、土の塵《ちり》で人《ひと》を形づくり、その鼻に命《いのち》の息（ルアッハ）を吹き入れられた。人はこうして生きる者となった。

〔『創世記』第二章七節〕

ここで土にいのちを与えるものとして描かれる「神の息」が聖霊で、初期のキリスト教に特有のスピリチュアリティの本質を表しています。「目に見えるものも見えないものも、すべてのいのちを創造し」〔『創世記』第一章二節〕、人の「いのちの源」である「聖霊（大文字のSpirit）」は、「魂（小文字のspirit）」に働きかける「力」になって、一人ひとりの人間の精神と身体、人間と人間、人間と自然とを結び合わせます。聖霊と魂は、そうして呼応し合います。

ところが、やがて教会制度が確立して、神（父）とイエス・キリスト（子）と聖霊の三つは、それぞれ独立していても、本質的には同一であり、一体として働くという三位一体が教義として定式化されると、息、風、力のように、様々な意味をもっていたスピリチュアリティは、神とイエス・キリストとの関係における聖霊として語られることが多くなります。自然のなかから現れて、いろいろなかたちで人間と結びつくとされていたのが、教会制度の基本理念のなかで固定的に捉えられるようになったのです。

キリスト教は一つの宗教であり、信仰です。そこには長い歴史のなかで築かれてきた伝統と宗教上の教えがあります。しかし、「真のキリスト者」は、それらにただ形式的に従う者ではありません。精神と身体によって、さらにまた、霊性（スピリチュアリティ）を通じて、毎日の生活を霊的な体験として実践する者です。そうして、すべての体験をイエス・キリストと神につながるものとして意識し、キリスト者としての自覚を強めていく者です。「キリスト教の霊性」の定義をみてみましょう。

> キリスト教の霊性は、満たされた本物のキリスト者の存在となることを求めることであり、キリスト教の基本的な考え方と、キリスト教信仰の基礎と枠組みの中での人生の全ての経験とを統合させるものである。
> ［マクグラス、二〇〇六：一八］

キリスト者の信仰生活で大事な日々の行ないに「祈り」があります。たとえキリスト教を信じていなくても、あるいはキリスト教の霊性の意味が十分理解できなくても、次の「聖霊への祈り」［『祈りの手帖』、二〇〇四：一四-一五］を唱えてみてください。もしかするとあなたの声が「何ものか」と共鳴するかもしれません。

聖霊、来てください。
あなたの光の輝きでわたしたちを照らしてください。
貧しい人の父、心の光、証《あか》しの力を注ぐお方。
やさしい心の友、さわやかな憩《いこ》い、ゆるぐことのないよりどころ。
苦しむときの励まし、暑さのやすらぎ、うれいのときの慰め。
恵みあふれる光、信じる者の心を満たす光。
あなたの助けがなければ、すべてははかなく消えてゆき、
だれも清く生きてはゆけない。

汚《けが》れたものを清め、かわきをうるおし、受けた痛手をいやすお方。
かたい心をやわらげ、冷たさをあたため、乱れた心をただすお方。
あなたのことばを信じて、より頼む者に尊《とうと》い力を授けるお方。
あなたはわたしの支え。
恵《めぐ》みの力で、救いの道を歩み続け、終わりなくよろこぶことができますように。
アーメン。

◆仏教の霊性

キリスト教的なことばであった「スピリチュアリティ」を「霊性」と訳し、その意味を日本思想のなかで明らかにした仏教学者、鈴木大拙《だいせつ》（一八七〇～一九六六）は、霊性を次のように説明しています。

精神又は心を物（物質）に対峙《たいじ》させた考《かんがえ》の中では、精神を物質に入れ、物質を精神に入れることが出来ない。精神と物質の奥に、今一つ何かを見なければならぬのである。二つのものが対峙する限り、矛盾・闘争・相克《そうこく》・相殺《そうさい》など云《い》ふことは免《まぬが》れない。それでは人間はどうしても生きて行くわけにいかない。なにか二つのものを包んで、二つのものが畢竟《ひっきょう》するに二つでなくて一つであり、又《また》一つであってそのまま二つであると云ふことを見るものがなくてはならぬ。これが霊性である。今までの二元的世界が、相克し、相殺しないで、互譲《ごじょう》し、交歓し、相即即入《そうそくそくにゅう》するやうになるのは、人間霊性の覚醒《かくせい》にまつより他ないのである。云はば、精神と物質の世界の裏に今一つの世界が開けて、前者と後者とが、互に矛盾しながら、しかも映発《えいはつ》するやうにならねばならぬのである。これは霊性的直覚又は自覚によりて可能となる。
［鈴木、一九六八：一二二］

ここで霊性は「精神と物質の世界の奥」に、もう一つ別の世界を見ることと定義されています。どういう意味なのでしょうか。「精神と身体（物質）」の関係でみてみましょう。

人は精神（心、気もち、理性、意識など）と身体の二つを併せ持って生きている、とわたしたちは理解しています。そして普通は、精神が身体をコントロールしている、と思っています。ところが病気やケガをしたときなど、身体が「思うとおり」に動かないことや、「わかっている」のにやめられない習慣や癖《くせ》などに悩まされることがあります。そうした場合、逆に身体が精神を支配していると言えるでしょう。

このように、精神と身体は、反発、矛盾し合ったり、どちらかが優位にたったりします。ところが、霊性は精神と身体の二元的で対立的な関係を超えて、それを包み込んでいます。霊性に目覚めた人は、そうした地平を見つめながら、精神と身体だけで成り立つ世界を超えた新しい世界に生きているのです。「わたしとあなた」の関係を例にして、さらに深く考えてみましょう。

「わたし」にとって「あなた」は別の人間です。普段は仲が良くても、二人はときに相手を否定したり、敵対したりします。ここで、わたしは「わたし」でありながら、同時に「わたしとあなたのあいだ」に立っていると想像してみてください。するとわたしは、あなたも自分のことを「わたし」と呼んでいることや、わたしと同じように考えて、喜び、悩みながら生きていることに気づくでしょう。

こうして「わたしとあなた」の共通点を見つけて相手に共感して、その人を違う個性をもった一人の人間としてあるがままに受けいれたとき、さらに気づくでしょう。二人とも自分の意志とは関係のない働きによって、同じようにこの世界に生まれてきて、やがてこの世界から去っていく存在であると。わたしとあなたの違いは、それぞれの立場と視点、そこから見える世界の違いであって、人間としての本質は同じであると。これが、二人を包み込む世界のなかで霊性を認めて生きる人のものの見方です。

「霊性」ということばは、不可思議（「ことばで表現できない」という意味の仏教用語）で、わかりにくいことばです。霊性は、わたしたちが精神や身体を通じて把握する世界を超えた世界のものなので、わかりにくいのは当然なのかもしれません。しかし「わかりにくさ」を「いかがわしさ」として悪用したり、霊的なものを乱用して、権力と権威、暴力と金銭で人の心を支配しようとする「カルト」のような「宗教もどき」には注意しましょう。たとえわかりにくくても、諸宗教の知恵と学問的知識をもとに真偽の見分け方を身につけて、少しずつ理解を深めましょう。そうして、自分自身の力でほんとうのスピリチュアリティと関わってください。

三　スピリチュアル・ケア

◆スピリチュアル・ケアの場

こんにち、新聞や雑誌、テレビで「健康」の文字を見たり聞いたりしない日はありません。毎日、どこかで、様々な健康食品や健康グッズ、また、健康法に関する情報が人々の間を行き来しています。こうした「健康ブーム」のなかで、「あなたは健康ですか？」と聞かれて「はい」と答えられる人は幸せです。ところで、いったい「健康」とは、どのような状態をさすのでしょうか。

健康とは、身体的、精神的、スピリチュアルに、社会的に完全に良好で流動的な状態であり、単に病気がないとか、病弱でないということではない。

これはＷＨＯ（世界保健機関）が一九九八年につくった、それまでの「健康」の定義の改正案で、「スピリチュアル」と「流動的」ということばが追加されています。ところが、文化によって捉え方の違う「スピリチュアリティ」について、もっと議論すべきであるという意見が多かったために、定義は結局、改正されず、将来に向けて国際的な調査研究が始められるにとどまりました。それでも健康にスピリチュアルな部分があることを示した意義は大きいでしょう。

ここでは、人々の健康を支えてきた医療・看護の分野で行なわれる「スピリチュアル・ケア」をみていきましょう。

スピリチュアル・ケアが一般に知られるようになったのは、一九六七年にイギリスでセント・クリストファー・ホスピスが開設されたことに始まります。日本でも、一九八一年に静岡県の聖隷《せいれい》三方原病院、八四年に大阪府の淀川キリスト教病院に設けられて以来、全国に一七七（二〇〇八年一月現在）のホスピスがあります。

ホスピスのおもな役割は、がん患者をはじめ、末期症状の患者にターミナルケア（終末期ケア）と緩和医療を提供することです。そのため、ホスピスでは、スピリチュアル・ケアが大切な役割を果たしているのです。

では、スピリチュアル・ケアとは何でしょうか。スピリチュアリティと同じくスピリチュアル・ケアの定義もたくさんありますが、ここでは、ホスピスでチャプレン（聖職者）を務めた人の定義を参考にしましょう。

スピリチュアル・ケアとは、肉体的苦痛、精神的苦痛、社会的苦痛の緩和と並んで、患者のＱＯＬを高めるには不可欠なケアで、特に死の危機に直面して人生の意味、苦難の意味、死後の問題などが問われ始めたとき、その解決を人間を超えた超越者や、内面の究極的自己に出会う中に見つけ出せるようにするケアである。日常生活では、知性・理性など合理性が重視される傾向があるが、スピリチュアル・ケアは、日常生活では忘れられていた目に見えない世界や情緒的・信仰的領域の中に、人間を超えた新たな意味を見つけて、新しい「存在の枠組み」「自己同一性」に気づくことである。

［窪寺・井上、二〇〇九：一〇］

ＱＯＬは、“Quality of Life”の略語です。「生活の質」や「いのちの質」と訳されます。これまで医療と看護の現場では、医療技術を駆使して、できるだけ長く患者を生かす「延命」が第一の目的でした。いのちの「量（Quantity）」が重視されていたのです。それに対してＱＯＬは、一人ひとりの患者が人間としての尊厳を保ちながら、どれくらいその人らしく生きているかという「質」によって生活といのちの価値を測る新しい考え方です。

もちろん、こんにちでも、たいていの病気には様々な延命治療が行なわれます。しかし、治る見込みのない病気、余命や死期が予知できる病気では、患者の目の前に「死」が大きく迫っています。そのような場合に、身体的、精神的、社会的な苦しみをやわらげるだけではなく、死への恐怖と不安をできるだけ取り除き、失いかけた生きがいを取り戻して、患者のＱＯＬ改善の手助けをすることがスピリチュアル・ケアです。

さきほど紹介した定義によると、スピリチュアル・ケアを行なう人は患者に二つの観点を示します。一つは、「自分を超えた超越者」と関わる観点です。「超越者」という表現になじみのない患者には「自分と世界を客観的に見つめること」と言い換えて説明できるでしょう。もう一つは、「ほんとうの自分」と深く関わり、「死と向きあう自分」を静観する観点です。

この二つの観点から現在の生き方を見つめ直すことによって、死に向かうプロセスは生きるプロセスにほかならず、これまでの人生という過去も死後という未来も、永遠につながる時間のなかでは現在につながっていると気づくこと。そうして心穏やかに死を見すえて今を生きること。スピリチュアル・ケアでは、患者がそのような世界観と生命観を自分自身で手にするように導きます。

日本でも今後は、施設型ホスピスよりも在宅ホスピスがますます求められるでしょう。生きることと死ぬことのどちらも肯定的に受けいれるためには、どのような観点からいのちを捉えるのか。その観点は患者と家族にどうすれば伝わるのか。がんや難病と闘い、わが家で死を迎えたいと願う人々に対し、たとえば、介護のプロとして全人的なスピリチュアル・ケアを行なうと志す人は、こうした問答を日頃から行なって、自分自身のスピリチュアリティを常に研《と》ぎすましておく必要があります。

◆スピリチュアル・ケアの実践

スピリチュアル・ケアを効果的に実践するためのポイントをみてみましょう。キーワードは「家族」と「コミュニケーション」です。

まず、「家族」について。日本でも最近はインフォームド・コンセントが知られるようになりました。しかし、その目的はどれほど理解され、実行されているのでしょうか。医療行為は患者から医療従事者（医師や看護師）への委託契約ですから、インフォームド・コンセントとは、本来、医療従事者が委託者である患者本人に告知するものです。にもかかわらず、たとえば、末期がんの場合など、最初に説明を受けるのは患者本人ではなく、家族である場合が少なくありません。「がんの告知を望みますか？」というアンケートをみても、自分なら医療従事者から病名や余命を知らされたいけれども、家族なら当人に知らせてほしくないし、医療従事者の代わりに知らせるかどうかも迷う、といった答えが大半です。つまり、日本でスピリチュアル・ケアを行なう際には、上述のような日本的慣例をふまえて、まず患者とその家族関係を把握して、患者と家族を一つのまとまりとみなし、両者を等しくケアすることがポイントとなります。告知を受けた家族が、本人に知らせる勇気をもたないままで偽りの会話を続けていたり、病気が手遅れになったのは自分のせいだ、などと罪悪感に捉われたりしていては、患者本人のＱＯＬにも悪影響を与えてしまいます。

その際、重要になるのが「コミュニケーション」です。患者の家族とよく話し合い、告知後のケアの進め方を計画しなければなりません。スピリチュアル・ケアにおけるコミュニケーションでは、誠実で温かいことばと行ないによって、患者の自己決定と家族の意思をできる限り尊重し、患者と家族をかけがえのないものとして受けいれて、両者が最期まで希望と喜びをもって生きられるようにすることが大切です。

以上のスピリチュアル・ケアのポイントを整理しておきましょう。

① 患者と家族と「ともにいること」。「そばにいること」や「その場にいること」とも表現されます。看護の現場で高く評価される実践方法です。ケアによっていくつかのレベルがありますが、スピリチュアル・ケアでは、ケアする者が患者の苦痛に全人的に共感し、全身全霊をかけて寄り添います。「どうすることもできない状況であることを認めながら、なおもその状況のなかにとどまること」［テイラー、二〇〇八：一〇二］であり、ひたすら患者のためを思って、患者や家族とともにいることです。

② 言語的コミュニケーション。患者のことばに能動的な態度で耳を傾けます。臨床心理学の分野では「共感的傾聴《けいちょう》」と呼ばれます。患者の考えだけでなく、涙を流すといった感情の部分も受けいれながら、患者の迷いと混乱がおさまるような工夫のいるスキル（技）で、ケアする者の豊かな感性と訓練が必要とされます。スピリチュアル・ケアではさらに、患者のスピリチュアリティを意識しながら行なう「全人的傾聴」が求められます。それは、ケアする者と患者の両者が「ともにいること」を内からあふれ出る体験として実感して、その関係のなかで働く「何ものか」を認めることです。

③　非言語的コミュニケーション。患者の身体による表現、たとえば表情、目つき、身ぶり、姿勢、衣服の着方に気を配って、それに対応することです。看護の現場では、患者の身体に触れる「慰め、励まし、親しみをこめたタッチ」の有効性が認められています。それによって患者の不安や精神的苦痛がやわらいで、人に受けいれられているという安心感と自己評価が高まるからです。性別、年齢、健康状態、育った環境で効果が違うので、患者のことをよく知ってから行ないましょう。患者の非言語的なメッセージを確実に受けとめるためには、ケアする者の自己理解も欠かせません。

スピリチュアル・ケアは、がん患者に対してだけ有効なケアではありません。がんのような病気でなくても、施設や病院で人生の最期を過ごしている高齢者や病人、あるいは現代社会のなかで、自死を思うほど苦しんでいる人たちも、孤独や絶望と闘っています。そのような人々すべてが「何ものか」によるスピリチュアル・ケアを望んでいるのではないでしょうか。「何ものか」になるのは「神」の特権ではありません。「誰かの役に立ちたい」と願う人なら誰もが実践できる、わたしたち一人ひとりの可能性です。

◆スピリチュアル・ケアの心

ここまでで、スピリチュアル・ケアの意味と目的、実践の方法をみてきました。ここからは、イエス・キリストとマザー・テレサのことばと行ないから、スピリチュアル・ケアの心を学びましょう。

『マルコによる福音書』には、イエスの癒しの行ないが数多く記されています。その一部をみてみましょう。

ちょうどそのとき、穢《けが》れた霊にとり憑《つ》かれた者が会堂にいて、叫んで言った。「ナザレのイエスよ、あなたはわたしたちと何のかかわりがあるのですか。わたしたちを滅ぼしにこられたのですか。あなたがどなたであるのか、分かっています。神の聖者です」。イエスはこれを叱り、「黙れ、この人から出て行け」と言われた。すると、穢れた霊は彼をひきつけさせ、大声をあげて、その人から出て行った。人々はみな驚きのあまり、たがいに論じて言った。「これはいったい何ごとか。権威ある新しい教えだ。穢れた霊にさえ命じられると、彼らは従うのだ。」〔『マルコ福音書』第一章二三－二七節〕

イエスが生きた時代、社会における貧富の差は大きく、上・中流層と貧困層では受けられる医療も違っていました。人口のおよそ九五％を占める貧しい大衆は、祈祷師《きとうし》や民間療法が頼りでした。また、上流階級に属する宗教者の権威によって、たいていの病気の原因は「穢れた霊」にあるとされ、病人は宗教的に穢れた者であるという固定観念が社会に広がっていました。

穢れた霊にとり憑かれた者、つまり病人に向かって、イエスは「出て行け」と言います。それは、いわば言語的コミュニケーションによるスピリチュアル・ケアだったのではないでしょうか。貧しさゆえに医療が受けられず、そのため「穢れた霊にとり憑かれている」という周囲のまなざしを自分に向けて、自己暗示的に病人であった人や、福音書の記述にみられるように、ひきつけを繰り返すなどして精神的に不安定であった人に対して、「目を覚ましなさい」と呼びかけたのです。そうして、病人だけでなく、迷信と偏見に捉われる当時の民衆をも治癒したのでしょう。

ひとりのらい病人がイエスのところに願いにきて、ひざまずいて言った。「御心《みこころ》でしたら、清めていただけるのですか」。イエスは深くあわれみ、手を伸ばして彼に触り、「そうしてあげよう、清くなれ」と言われた。するとらい病はただちに去って、その人は清くなった。

〔『マルコ福音書』第一章四〇－四二節〕

らい病（ハンセン病）は、紀元前のエジプト、ペルシア、インド、中国など世界各地の古文書にすでに記載されており、「重い皮膚の病気」として社会から拒絶されたり、隔離されたりして、常に差別的な扱いを受けてきました。日本でも『らい予防法』が廃止される一九九六年まで、人々の偏見の眼差しにさらされ続けていました。らい病をめぐる状況はイエスの時代も同様でした。そのうえ、らい病人と接触することは宗教上のタブーとされていました。そうしたなかで、イエスはらい病人に手を触れます。まさに非言語的コミュニケーションによるスピリチュアル・ケアでしょう。それまで人と触れ合うことができず、心身ともに孤立していたらい病人の魂にも触れたのです。そうして、イエスに「清められた」らい病人は、皮膚の症状が快復したというよりも、存在価値が認められたことで、生きる喜びを見出したのではないでしょうか。

イエスは座って十二弟子を呼んで、そして言われた。「誰でもいちばん先になろうと思うならば、いちばん後になって、みんなに仕える者とならねばならない」。そして、ひとりの幼子をとりあげて、彼らのまんなかに立たせ、それを抱いて言われた。「誰でも、このような幼子のひとりを、わたしの名のゆえに受けいれる者は、わたしを受けいれるのである。そして、わたしを受けいれる者は、わたしを受けいれるのではなく、わたしをお遣わしになった方を受けいれるのである。」

〔『マルコ福音書』第九章三七節〕

イエスが癒したのは病人だけではありません。さきの「幼子」は、実際の小さな子どもであると同時に、極貧の民や売春婦など、「穢れた者」というレッテルを貼られた社会的弱者の象徴とも捉えられます。つまり当時の社会でＱＯＬが最も低かった人々です。彼らのなかへと歩みよったイエスは、彼らのそばに身を置いて、彼らの身体に触れます。このようなイエスの行ないこそ、スピリチュアル・ケアの神髄《しんずい》を表しているでしょう。それは、こんにち、どうすれば実践できるのでしょうか。イエスに倣《なら》って、病人、貧困者、子どもたちの救済活動に従事したマザー・テレサのことばに、じっと耳を傾けましょう。

私たちが貧しい人々の中の最も貧しい人々、病気の人々、死にかけている人々、ハンセン病の人々、エイズ患者を見舞い、彼らに衣服を着せてあげたり、食物を与えたり、慰めのことばをかける時、それは、イエスに同じことをしているのです。

〔マザー・テレサ、一九九七：六八〕

私が思うのに、この世で一番大きな苦しみは一人ぼっちで、誰からも必要とされず、愛されていない人々の苦しみです。また、温かい真の人間同士のつながりとはどういうものかも忘れてしまい、家族や友人を持たないが故に愛されることの意味さえも忘れてしまった人の苦しみであって、これはこの世で最大の苦しみと言えるでしょう。

〔マザー・テレサ、一九九七：一五二〕

わたしたちは聖性を受け取りたいと望まなくてはなりません。そして、この望みこそが祈りなのです。祈りを愛しましょう。祈りの必要性をたびたび感じましょう。わずらわしくても祈りましょう。なぜなら祈りは、神の聖性の贈りものを受け入れることができるほどまでに、心を大きくするからです。たずね、求めなさい。そうすればあなたの心は、イエスを受け入れ、イエスを自分のものとし続けることができるほど大きくなるでしょう。〔マザー・テレサ、二〇〇一：五四〕

四　おわりに——未来のスピリチュアリティ

あなたは未来にどのような夢を描いていますか。いつかはわからないけれども、いつか実現してほしいと願い、憧れる夢です。子どもの頃のあなたならきっとすぐにいろいろな夢を思い浮かべたでしょう。成長した今はどうですか。明日の予定や来月の計画だけではなく、遠い未来に夢と憧れをもって生きているでしょうか。その夢を周りの人々と語り合っているでしょうか。

あなたが夢を見ながら生きていくことができるように、次のことばを贈ります。第二次世界大戦中、ナチス・ドイツ占領下のポーランドでユダヤ人の子どもたちのために孤児院を設立したヤヌシュ・コルチャックが、事情のわからない子どもたちに向かって、彼らと強制収容所に送られる直前に、つまり死を目の前にして語った別れのことばです。


わたしは君たちに神さまを与えることができません。

なぜなら君たち自身が、静かに、じっくりと考えて自分自身の魂のうちに神さまを見つけださなければならないからです。

わたしは君たちに故国を与えることができません。

なぜなら君たち自身の心のなかに故国を見つけださなければならないからです。

わたしは君たちに人間愛を与えることができません。

なぜなら赦《ゆる》すことなくして愛は存在しえないからです。

そして赦すこととは、誰もが自分自身で学ばなければならないことだからです。

でも、ひとつだけ君たちに与えることができます。

それは、よりよい人生、真実と正義にみちた人生への憧れです。

それは今は存在していないかもしれませんが、近い将来には実現するでしょう。

このような憧れが、君たちを神さまへ、故郷へ、愛へと導くことになるでしょう。

さようなら。

わたしのことばを忘れないように。


［コルチャック、二〇〇五：一七八－一七九］

コルチャック先生が子どもたちに託した夢は、こんにち、国連の「子どもの権利条約」として実を結びました。彼の夢は彼の死後に実現したのです。ここに精神と身体を離れても魂は「生きる」こと、つまりスピリチュアリティの本質をみることができます。

時間と場所に限定されて、今、ここに生きているあなたの夢は、いつかどこかで誰かのためになるでしょう。あなた個人のライフサイクルのなかで描かれた「わたしの夢」は、次の世代へのいのちの連鎖という、もう一つのライフサイクルのなかで「わたしたちの夢」となってつながっていきます。

そのことをよく知って、今日が人生で最期の日になってもよいと思えるほどに、日々、あなたのいのちを愛してください。あなたの魂を力の限り働かせて、夢を抱いてください。そのような「スピリット（魂、気概、使命感、意志）」をもって、人々が平和のうちに共存する未来に夢を描きましょう。未来のスピリチュアリティの新たな可能性を拓《ひら》くのは、現在のあなたのスピリチュアリティです。

第3章 かけがえのないいのちへのケア

◉スピリチュアルなケアの実践

一 はじめに

「ケア」(care)には、他者のことを心配して心にかける「気懸り」とか「心労」、他者のために何かを配慮する「気遣い」とか「世話」という二つの意味があると言われています〔中山・高橋、二〇〇一：四〕。いずれにせよ、広くは人が他者のことを思いやって何かの働きかけを行なう営み全般をさすことばだと言えます。それは人間にとって最も本源的な営みの一つにちがいありません。子どもの養育にはじまって、病んだ仲間や傷ついた仲間を介抱すること、老いた仲間の世話をし、はては死に逝く仲間を看取ることなど、わたしたちは無数の世代にわたって、このようなケアの営みを繰り返してきました。もし、人間がケアリングの能力や技術を発達させなかったならば、この自然界において種として生き残ることはできなかったことでしょう。人間ばかりか、およそあらゆる哺乳《ほにゅう》動物にはケアリングの本能が見出されると言ってよいかもしれません。

しかし、前章でみたように、人間にとってのケアリングは、単なる動物的本能ばかりではなく、相手をかけがえのない人格として畏敬をもって接するという、精神的・霊的側面をもった営みでもあるのです。本章では、とくにこのような精神的・霊的なケアリングを実践した二人の人物を取り上げ、他者をケアすることの真の意味を考えます。他者をケアすることの真の意味——それは、義務や責任である以上に喜びなのです。

二　マザー・テレサとケアリング

一九七九年、一人の女性がノーベル平和賞を受けました。その人の名はマザー・テレサ（Mother Teresa）、受賞理由は「現代における高貴な人間愛の象徴」というものです。そのときマザーは、「私は受賞に値しません。世界の最も貧しい人に代わって、というならお受けします」と述べ、いつものサリーに粗末な草履《ぞうり》で受賞式に臨み、祝賀パーティは辞退して、その分の予算は貧しい人のために提供されることになったと言います。国の内外で起こる戦争、家庭崩壊、暴力、不正、憎悪と報復が渦巻く現代だからこそ、平和を生み出す勇気を実践したマザー・テレサの働きが称えられたのです。

マザー・テレサの「高貴な人間愛」とは何をさすのでしょうか。マザー・テレサが亡くなったのちも、インドのコルコタ（旧カルカッタ）のマザー・ハウスを訪れる人は絶えず、マザー・テレサの修道会への志願者も増えています。マザー亡きあとも続いている愛の働きは、いったい何に基づいているのでしょうか。これらのことをマザー・テレサの生涯から探っていきたいと思います。

◆マザー・テレサの生い立ち

一九一〇年、マザー・テレサは、当時オスマン・トルコ領だった現在のマケドニア共和国（旧ユーゴスラビア）のスコピエで、アルバニア人家庭に生まれました。本名はアグネス・ゴンジャ・ボジャジュ（Agnes Gonxha Bojaxhiu）。いたずら好きの活発な少女であった反面、アッシジの聖フランシスコの伝記を読み、その生き方に惹かれる面ももちあわせていました。アグネスが修道院に入りたいと願うようになったのは一二歳の頃でした。

一八歳で「ロレット修道女会」に入会し、初誓願をしたとき、彼女は「小さな花」と呼ばれるリジューの聖テレーズにちなみ、「テレサ」という修道名を選んだのです。

一九四八年、彼女が三八歳のとき、「貧しい人のなかにいるイエスに仕えよ」という内なる声を聞き、教師から奉仕者への道を選び、修道院を出ることになりました。コルコタのスラムで働き始める前にテレサは、看護学と薬剤の知識を得るためにパトナの地に出かけました。そこで熱心に勉強をしたのち、スラムで働き始めたのです。しかし、朝から晩まで休む暇もなく働いているにもかかわらず、人々の暮らしは一向に変わらず、「いつでも帰ってきていいのですよ」と言って送り出してくれた修道院が懐かしく思えることもありました。テレサの出発は、この大きな誘惑との闘いだったのです。

あるとき、「お金をください、シスター」と皮膚病でただれた小さな手を出す女の子がいました。「薬なら少しあるから」と、その手に薬を塗ろうとすると、少女は「その薬、わたしの弟に塗ってやって」と言ったのです。（こんな小さい子が、自分のことよりさきに、弟のことを心配している……）テレサは胸をつかれました。また、「ねえ、シスター、おなかがすいた」と言って物乞いする子どもにわずかな米を差し出せば、子どもは母のもとに米を届け、母はその米の半分を持って隣の家に走っていきました。

貧しい人は、なんて美しい心を持っているんだろう。神様、この美しさをわたしに見せてくださって、ほんとうにありがとうございました。わたしのしていることが、たとえ大海の一滴にすぎないとしても、それがなければ、海の中の一滴分、水が少なくなるのです。インド全体の貧しさを見るのではなく、わたしは一人一人と向き合っていきましょう。その日あなたが、わたしの前に連れて来られた一人だけを見ていきましょう。あなたにとっては、その一人一人が、かけがえのない大切な存在なのですね。

［やなぎや、一九九〇：三三］

テレサは最も大切なことを悟らせてもらい、ただ感謝の祈りだけが唇にのぼったのです。それからは、彼女の後ろにいつもぞろぞろとついてくる子どもたちに読み書きを教え、手や体を洗う衛生上の注意を与え、実際に洗い方を教えました。こうしたことがやがて母親たちにも伝わり、彼女の働きはしだいに知られるようになりました。

その後、テレサはインド国籍を取り、新しい修道会となる「神の愛の宣教者会」（Missionarites of Charity）を設立することができました。このときから、シスター・テレサは、会の創立者として、「マザー・テレサ」と呼ばれるようになったのです。

◆マザー・テレサと「神の愛の宣教者会」

この修道会の誓願には、清貧、従順、貞潔の三誓願のほかに、「貧しい人のなかの最も貧しい人々に仕えること」が加えられています。マザーは「貧しい人」の定義として「私の兄弟である、この最も小さい者」と述べ、次のように説明しています。

飢えて孤独な人たちのことです。ただ食べ物がないというだけでなく、神の御言葉にも飢えているのです。渇き、無知な人たちのことです。水がないだけでなく、知識、平和、真実、公正、そして愛にも渇いているのです。裸で、愛されていない人たちのことです。服がないだけでなく、人間としての尊厳をも奪われているのです。喜ばれず、生まれて来ない子どもたち、人種差別と闘っている人たち、ホームレスや見捨てられた人たち――彼らのために、ただ避難所を作るのではなく、そういった人々の心を理解し、保護し、愛するのです。病気だったり、死にかけている貧しい人々、また、囚われている人たち、肉体がその状態になっているだけでなく、魂がそうなっている人々は、みな人生における希望と信仰を失っています。アルコール依存者やドラッグ中毒者たちはみな、神を見失っているのです。（彼らにとっても神は神のままなのですが）。そして、彼らは希望という精神的な力もすべて失っているのです。

［ヴァーディ、一九九七：一八一―一八二］

◆ニルマル・ヒルダイ（清い心の家）

一九五二年、こうした人々のためにマザーは、まず、「死を待つ人の家」（Home for Sick and Dying Destitutes）を設立します。日本語訳は「死を待つ人の家」ですが、正確には、「貧困のうちに病み、死にゆく人のための家」ということです［マタイス、一九九七：三〇］。路上に倒れている人を救出して、平和な死を迎えさせるための施設でした。これを始めた動機として、次のようなエピソードがあります。

最初の女の人は、わたしが自分で道端で見つけた人でした。ネズミだのアリだのに半分食い殺されていました。病院に連れていきましたが、手当てのしようがない。受け入れてくれるまで立ち去らないとがんばったあげく、やっと受け入れてもらい、その足でわたしは市役所に行き、こういう人を迎え入れる場所が欲しいと頼みました。というのは、その同じ日に、ほかにも路上で死にかけている人を見つけたからです。

［マゲッリッジ、一九七六：一一三］

マザーは、貧しさのなかで、もはや死を迎えるだけの人のために、いったい何ができるだろうかと考えました。

マザーの思いが行政を動かし、ヒンドゥー教のカーリー神殿の境内にある二つのホールを寄贈してもらって、ここで活動を始めたのです。マザーはそれを「ニルマル・ヒルダイ」（清い心の家）と名づけました。ヒンドゥー教徒の大事な神である、女神カーリーを祀る寺院の一角を異教徒のシスターが使うということで、「キリスト教に改宗させられて埋葬される」との噂もたち、マザーを脅かす者もいたと言われています。そのようななかでマザーは、「死を待つ人の家」の目的は「まず何よりも、いらない人たちでないと感じ取ってもらいたいのです。少なくとも、まだ生きていなければならない数時間のあいだに、この人たちも神の子であって、人間からも、神からも大事に思われているのだということを知ってもらいたいのです」と述べ、運ばれた人がヒンドゥー教徒ならガンジスの水で口を濡らし、イスラム教徒にはコーランが読まれました。誰も孤独で死にたいとは思わないのです。孤独死という、人間としての尊厳を奪う最悪の死に方をしないよう、「あなたの名前は？」「あなたの信仰は？」と聞き、一人ひとりを看取るマザー独特の救済活動が今でも行われています。

◆シシュ・ババン（子どもの家）

一九五三年には、孤児の家が設立されました。きっかけは、ゴミ箱に捨てられていた赤ん坊を拾ってきたことからでした。マザーが手にした子どもの多くは捨て子だったのです。そのなかには、体が不自由な子ども、知的障害をもつ子どももいました。親や親類に「お前はいらない」と言われ、不要なものとして遺棄されたのです。捨て子の最たるものは中絶です。病院や産院には「どんな子どもでも引き取るので、中絶はしないでほしい」との手紙を定期的に送り続けているといいます。どんなに重度の障害があっても、神から与えられた子どもとして、喜んで引き取って育てているのです。その子どもたちの多くは、ここに来てはじめて人間らしく扱われたのです。

「子どもの家」から巣立って結婚していく娘には、わずかな持参金と家財がもたされます。花嫁に持参金を用意するインドの慣習にしたがい、マザーは実の親のように振る舞いました。現実をしっかり把握して、子どもの幸せのために具体的な愛を注いでいるのです。マザーのリアリストとしてのすぐれた側面がうかがわれます。

◆シャンティ・ナガール（平和の村）

インドには、世界の半数近くのハンセン病患者が集中しています。ハンセン病はもはや怖い病気ではないにもかかわらず、社会の目を恐れて、患者みずからが隠れて暮らしているため、早期治療を遅らせているのが現状です。

マザーはハンセン病患者のための診療所づくりを計画しましたが、これは行政の許可がおりず、「それなら私たちのほうから出かけて行けばいい」と、一九五七年から、移動診療車での巡回を始めました。次に、粗末な治療病棟が建てられました。やがて、はた織り機が運ばれて織物工場もでき、シーツや枕カバーなどをよそで買わなくても間に合うようになりました。ほかに、養鶏や養豚などといった労働も提供されました。それにより現金収入が得られるようになり、一九六八年には「シャンティ・ナガール」（平和の村）の建設が始まりました。ここには、家族のみならず、シスターの居住区もつくられ、今では治療しながら家族とともに自給自足できる理想の村となっています。

マザーは、彼らのくずれかけた皮膚を撫《な》で、足を洗い、やさしく薬を塗り、「患者たちに愛を持って触れなさい。愛を込めて触れるのです。そのとき、あなたたちが触れているのは、病気の人の中にいらっしゃるキリストの御身体なのですよ」（傍点筆者）とシスターたちを促し続けました。診療所の働きが軌道に乗ってくると、今度は、患者たちの自立を考え、症状の軽い患者たちについては働きながら治療が受けられるようにする試みに取り組みました。ハンセン病にかかってから人を呪い暮らし、笑いもなくなってしまった人々に、ふたたび生きようとする気持ちを取り戻させたのです。

◆日本でのマザー・テレサ

一九八一年四月二二日、マザー・テレサは、ファミリー・ライフ協会の招きで「生命の尊厳を考える国際会議」のシンポジウムに出席するため、来日しました。

会議に先だって、山谷の「神の愛の家」（ブラザーズ・ハウス）を訪ね、人目につかないように数人で山谷の街を歩いたとき、酒に酔って道に寝ている人を見て心を痛めたと言います。

> なぜだれも助け起こさないのです。いくら酔っぱらって勝手に寝ているといっても、これは本当の人間の生き方ではありません。これほど酔っぱらわなければならない原因を私たちは理解してあげなければなりません。こうした人に誰も手を貸そうとしないこの無関心さは日本の貧しさです。日本はけっして豊かではありません。私はまだ二日しか日本にいないのでどうしてあげることもできません。本当に心が痛みます。
> 〔日本マザー・テレサ共労者会、一九八六：一九五〕

山谷の簡易宿泊所も見てまわり、「東京の貧しさはコルコタよりひどい」と呟いたマザーの悲痛な顔を忘れないと同伴したA・ボーガルト神父は言っています。マザーにとっての「貧しさ」は、道に倒れる人に誰も手を貸そうとしない、日本人の無関心さにあったのです。おしのびで大阪・釜が崎にも足を運び、年間に三〇〇人以上の人たちが路上で死んでいく実情に驚き、釜が崎にも「死を待つ人の家」が必要だと感じたと聞いています。

「生命の尊厳を考える国際会議」で、マザーは、いのちの大切さを説き、物質的に豊かななかで、妊娠中絶の多い日本の貧しさを鋭く指摘しました。〃愛は家庭からはじまる〃と強く訴えたのです。その内容は日本人に大きな衝撃を与えるものでした。驚くことにマザーは、日本を離れて翌月の五月には、さっそくシスター四名を東京に送り、ハウスを開設しました。「未婚の母の家」と呼ばれました。そののち、東京、名古屋、別府にマザー・テレサの修道院が設立され、それぞれのハウスで、望まれずして生まれたいのちや、見捨てられた路上にいる人、孤独な老人たちを見守っているのです。インドのコルコタと同じように、シスターやブラザーが日本での愛の働きを続けています。

一九八二年の二度目の訪日では、被爆地長崎をはじめ、各地で愛と平和への願いを訴えました。

一九八四年、三度目の訪日もやはり同じことでしたが、平和を生み出すことは大きなことをすることではなく、まず「いのちを守る愛と勇気」を身近なところから実践することだというメッセージであったと思います。マザー亡きあと、次々に起こる世界の内外の悲しい現実に対して、マザーが生きていたらどんなことを言い、どんな行ないをするのかと考えさせられます。

◆マザー・テレサとケアリングの倫理

マザーの活動は「貧しい人々のところへ行って一緒に住み、彼らを助けなさい」という神の呼びかけに応えるために、コルコタの街に単身で入ることが出発でした。大きな困難をともないながらも、彼女は恐れず、ただひたすら神を信じ、神にすべてを委ねて働きました。修道者としての彼女にとって、貧しい人々への奉仕は神の呼びかけへの応答であり、神との約束にほかならなかったのです。その実りの大きさはマザーならではのものだったでしょうが、それでもなお、わたしたちはマザーの働きから多くを学び、見習うことができるのではないでしょうか。

まず第一に、マザーの働きには、状況に応じた、そして相手に応じた柔軟性があったということです。どんな困難にあってもマザーは、「いま、ここで、この人に何が必要か」を常に考え、その必要を実現するために、ときには周りの人々を驚かせるほどの柔軟な発想で困難を乗り越えていきました。ケア倫理と言えば「やさしさ」や「従順さ」という性質を連想することが多いのですが、マザーの示したケアリングの倫理はただそれだけではなく、困難に潰されない逞しさや、与えられた状況を最大限に活用するしたたかさがあったと言えるでしょう。マザーは、目的を実現するためには、ときに頑固でさえありました。

第二に、マザーの働きが人々に受けいれられた大きな理由として、その一貫した謙虚な態度があったと思います。マザーは、自分自身について、「自分は何者でもない小さき者である」と覚え、「私は神様の小さな鉛筆。お好きなようにお書きになるのは神様」［ヴァーディ、一九九七：一七七］と語り、いつも「平和の道具」として用いられることを祈りながら、無力な自分を神に捧げてきました。その謙虚さが多くの人々の共感を呼んだのだと思います。

第三に、そして最も大切なことですが、マザーは常に相手を唯一の「かけがえのない存在」として、畏敬の念をもって接していたということです。「お金をください」と小さな手を差し出したスラムの女の子、運び込まれて「ありがとう」と息を引き取った路上の人、くずれかけた皮膚を撫《な》で、足を洗ったハンセン病患者の取り戻した笑顔、友だちを見つけたエイズ患者、子どもたちの生きる権利を守るための妊娠中絶に対する闘い、といったマザーの働きは、「あなたは大切な神様の子です」「あなたは愛されています」ということを伝えるための活動だったのです。マザーは、飢え、病気、戦争、貧困、老い、障害、伝染病、死などといった、嫌われるもの、醜いものの渦巻くコルコタという悲惨なところに留まり続けました。そこには必ず「神」がおられることを信じたからです。貧しい人に姿を変えた神を見ていたのです。貧しい人が飢え、渇いているとき、それは「われは渇く」(I thirst)と叫んだ「イエスの渇き」にほかなりませんでした。

悲惨な現実は変わらないにしても、彼らがその現実を乗り越え、超越的なものに心が開かれていくよう手助けすること、それがマザーの働きでした。彼女の信仰、清貧、謙遜、献身、実行力、奉仕、信頼、快活、喜び、感謝、そして何よりも愛によって、彼らに新しい世界の扉が開かれていったのです。

三　寺本松野とターミナルケア

次に、ターミナルケアの実践について、わが国のターミナルケアの発展に大きく貢献した寺本松野を通じて考えてみたいと思います。

◆ターミナルケアとは

ターミナルケアとは、臨死患者に対して与えられるケアのことです。臨死患者の定義として、聖路加看護大学名誉学長である日野原重明は、イギリスの医師ホルフォードによる定義をあげています［日野原、一九九九：二九］。それによれば、臨死患者とは「医師によって不治の病気であるとの診断を受け、それから数週から数か月のうちに死亡するだろうと予測された人」ということでした。イギリスで最初にガンの末期患者のためにホスピスを開設したシシリー・ソンダース医師（Cicely Saunders）は、ホルフォードの定義を少々修正して、これを「死が確実に接近していて、それがあまり遠くないと感じられる患者」とし、ターミナルケアとは、このような患者に対し、「（積極的な）治療法を取らない方向に医療態勢が向いており、症状を軽くさせ、患者と家族の両側を支えようとするようになったときのケアである」［同：二九］と定義しています。

また、ソンダースは、ターミナルケアの内容を①患者をひとりの人格として扱う、②苦しみをやわらげる、③不適当な治療を避ける、④家族のケア、死別の悲しみを支える、⑤チーム・ワークによる働きの五項目に整理し［同：三二］、患者が最期までひとりの人格として扱われることを何よりも重視しました。たとえ疾患は治せないとしても、巧みな薬物その他の看護による対症的処置と、社会的、精神的、さらにはスピリチュアルな側面からの支えによって、心身ともに苦しみを軽減し、心の安らぎが得られるようケアを受けつつ死を迎えることができれば、患者の人格は最期まで損なわれることなく、尊厳ある死を迎えることができるでしょう。それが望ましいターミナルケアだと、日野原は述べています［同：三一―三二］。

◆寺本松野とターミナルケア

寺本松野は、まさにこのようなターミナルケアを日本で実践しようとした人でした。まずは、彼女の著書『そのときそばにいて―死の看護をめぐる論考集』（一九八五）などを通して、その生涯を振り返ってみることにしましょう。

寺本松野は一九一六（大正五）年に生まれました。長じて看護師となり、従軍看護師として中国に渡り、伝染病棟で傷病兵の看護にあたりました。一九四〇年六月、戦地での生活を終え、帰国した彼女は、結核看護に興味をもち、一八年間結核患者の世話をし、七〇〇余人の人達を見送ったとのことです。戦況のおもわしくない時代にあって、結核は死亡率が高く、最も恐れられた病であり、しかも医療施設も貧しく、看護要員も足りなかった状況のなかでの仕事でした。彼女は「結核看護の目標は、自分の受けもっているこの病人が社会復帰をして、社会のなかで結核についての専門家になることである」と考え、いつも患者の成長を願った看護を行なってきたと述べています［寺本、一九八五：三三九］。

一九五〇年、三四歳のとき、彼女は「マリアの宣教者フランシスコ修道会」に入会、修道女となります。そして、同会の運営する札幌・天使病院、東京・聖母病院で看護活動に携わりました。天使病院時代（一九五〇年代）、日本ではまだ終末医療が話題にさえのぼらない頃から、彼女は、患者が安らかな死を迎えるためのターミナルケアの必要性を説き、実践しました。このことは、わが国の、その後のターミナルケアの発展に大きな影響を与えることになりました。

彼女はなぜターミナルケアに専心することになったのでしょうか。彼女は自分史を四つの時期に分けて語っていますが、それをみると、それぞれの時期ごとにターミナルケアへの理解の深まりを知ることができます。

まず、人生の四つの時期の第一期、つまり戦前の時代に、念願の看護師になるべく教育を受けるようになったのが一九歳のときでした。その時期は、読書やおしゃれを楽しむ日々を過ごし、また共通の趣味や似通った人生観などをもつ友人たちとの強い絆がつくられたといいます。彼女はこの時期を「アクセサリーの時代」と名づけています。

次に、第二期、戦中の時代、彼女にとっては「純粋さと若さの時代」、戦場は拡大し続け、彼女は従軍看護師として戦下に赴くことになります。今までの大学病院でのアクセサリーのような時代から戦力に代わるような重要な責任を負う存在となったのでした。そして、Nさんという日赤看護師と出会い、仕事の仕方、ケアの技術、そして若い兵隊たちとの人間関係におけるケジメを学び、看護の本質的なものにふれることができたと述べています。当時の陸軍病院では、四〇歳の古参兵も、一八歳の新兵も、受け持ち看護師を「うちのお母さん」と呼んでいました。自分たちに求められているものが「母性」であることを、当時、はっきりと心に刻んだとも言っています。彼女は「私は生き方の原点を母性に置きたいと模索する。人類の始めから、人間に与えられた特質、それは母性愛であり、それは常にあらゆる愛の出発点です。母の愛は無条件に他者を真に愛する力を与えられています。母の愛は存在であり、人間のぬくもりであり、安定感である」[寺本、一九九六：八七]と述べています。また、戦いの、そして生命の危機感のなかにあっても、人間は純粋であり、優しさがあるのではないかとも述べています。

第三期は、一九四〇年から終戦までの「混迷の時代」です。戦地では純粋な人間としての生き方を選んだのに、私は集団のなかの構成員として、権威に服従する看護師に変わっていた、忠実に仕事を成し遂げていく、管理面にのみ目を向ける人間になっていたと思うと、色あせた青春を回顧しています。

第四期は、一九四七年からの「めざめの時代」です。それは、彼女が戦後の混乱のなかで光を見つける時代となりました。アメリカの看護師であるオルト少佐やミス・オルソンとの出会いと研修により、広い心と看護に賭ける信念と自信、そして自分の仕事に対する誇りをもったと述べています。ナイチンゲールの思想にふれ、学びを深めている時期に、平和主義者賀川豊彦との出会いが準備されていました。さらに、ハンセン病の看護に献身するひとりの修道女との出会いがありました。これら三つの出会いを通して、自己を超えることによってのみ看護の本質に迫り、確信をもって看護を続けることができること、つまり、シスターたちの献身のエネルギーは宗教のうちに内蔵されていることを発見し、彼女は、看護の本質の深まりを求めるプロセスのなかで神を知ったのです。彼女は「さらに自己を超え、自己を捨てることを徹底的に求めて修道生活の道を祈りのうちに求めました」〔寺本、一九八五：三三七〕と述べています。

◆寺本松野とスピリチュアリティ

寺本にとってターミナルケアとは、何か特別なケアではなく、「日頃の看護のやまであり、実」であり、「自分という人間の日ごろの看護のすべてを賭けるケア」でした〔寺本、一九八八：八〇〕。

しかし、通常のケアとは異なり、ターミナルケアの目的は「残された日々をその人らしく勇気と希望をもって生きぬき、平安の中に永遠の生命への旅立ちの手助けをすることである」と言っています〔寺本、一九九一：一二九〕。

では、どのように手助けをすればよいのでしょうか。これについて、彼女は次のように語っています〔寺本、一九九一：三二一―三二二〕。

> はじめは現実的な希望をもつ。例えば病気が治りたいとか、良いお薬ができてほしいとか、家族が自分に親切であってほしいとか、といったものですね。でも、良いお薬は出てこないし、病気も良くならない、そしてだんだんそんな希望が消されていくのですね。
>
> そして次に、その希望は現実的なものから「目に見えないもの」に変わっていかなければなりません。
>
> この『目に見えない希望』というのは、いろんな命に対しての考え方とか、死後に対しての考え方とか、その人の持っている人生観とか死生観から出てくる希望なんです。その希望を持って、平安の中に永遠の生命への旅立ちの手助けをす

る。……来世への希望を持って。ある天理教のお婆さんがいらっしゃって、わたしはカトリックですから信仰は違いますけれども、そのお婆さんはいつも私のために祈ってくれます。私も、『私のために祈って下さい』と言ったんです。そのお婆さんがいよいよ悪くなってきた頃の夕方、私が覗きにいきましたら、お婆さんが、『もう直ぐ私は出掛けなければならない。旅に出掛けなければならない。出掛けたら一番に御先祖様のところに行く。その後に婦長さんの神様のところへも行く。そして、婦長さんのことをお願いしようと思ってます。』と、言われたんです。私はすごく嬉しくて、『ぜひぜひお願いします』と言って、約束したことがあったんですけれども、希望というのはそんなふうに変わっていくんですね。ある人は自分の死を受け入れた時に、『死によって自分が全部終わる』と、考えるかも知れない。でも、何かそこに希望を持ちたいんですね。（中略）『死後に自分を待っているものがあるような気がする』『愛する家族と別れていくんだから、死の向うで待っていれば、また家族に会えるんじゃないか』そんな希望を人それぞれに持っているんです。例えば仕事をもっている人、小説家なら、その小説の続きをまた来世で考えていくとか、いろんな現実ばなれした自分の理想とか、希望をもっていると、割りに楽しく死を受け入れることができるかもしれないですね。そう言った旅立ちができるように手助けをするということです。ターミナルケアの理念というのは、そのように治癒の見込がない人に、身体的な苦しみ、痛み、そんなものをできるだけ緩和して、その人が希望の中で自分の死を受け入れて、旅立っていけるように手助けをするということです。

やや長文の引用になりましたが、寺本がたどり着いたターミナルケアとは、スピリチュアルな次元にも及ぶものだったことがわかります。しかも、それは宗教の違いを超えることができるものでした。

◆寺本松野とケアリングの倫理

とはいえ、彼女は、ターミナルケアにおける身体的・精神的な苦痛の除去の必要も指摘しています。全人的な苦悩のなかにある終末期の患者のみならず、老い・病・死に直面している人々が体験する苦しみには、直接身体に関わる苦しみと、精神的な苦しみとがあると言われます。それが治療によって順調に回復しない場合、身体的な苦しみが精神的な苦しみを生み出します。そして、もはや病気の回復を見込みえない終末期の患者の場合、精神的な苦しみが身体的な苦しみを倍加させることがあるのです。

寺本は、このことから、ターミナルケアでは基本的看護、つまり身体的なケアにより安楽をはかることが大切だと強調しています。人間は霊的な存在であると同時に、生身の肉体をもつ存在であることも忘れてはならないということです。

> 人間は、肉体にかかわる訴えがまず自己表現の最初の段階である。この問題の解決のために努力することによって、信頼関係が生まれる
> 〔寺本、一九八八：四七〕

体を拭く、口腔清拭をする、食事の心配をすることなどを通して、この人が何を望んでいるかを知り、それに応えることで、はじめて包括的なケアにつながるというわけです。心を閉ざした患者や気むずかしい患者に対しても、看護者の手を通して毎日小さなケアを続けることが、その人の心に近づく努力をしていることになるのです。「自分の死」に向き合っているその人から決して心を離さず、彼らが死に立ち向かえるように、その方法をともに見出そうと、毎日毎刻、何度も訪ねることなのです。寺本は「末期の肉体の苦痛を訴えられたら、それをうまく解明するとか説明するとか納得させるとかということではなく、その訴えを真剣に受け止めてあげることである。それによって病人の気持ちが楽になる」、「眠っているようにみえても、重症患者は、目も開けていることができないほどの気力のなさを示していることを知っておく必要がある。病人に呼ばれなくとも病室を訪れ、

呼び止められなくとも立ち止まる心の余裕を持ちたい」〔同：五〇・五七〕と述べ、この心構えを多くの著書のなかで「そのときそばにいて」ということばに託して繰り返し説いています。

寺本は、長年にわたるターミナルケアの実践者として「人間が生まれ、育ち、生き、そして死ぬその瞬間に至るまで、看護の理想を追求しながら、私は、人間の死の場面において示す神秘的な輝きに出会い、感動し、成長への糧を十分に受けた。私の目の前で、私の病人が苦しみつつも、しかし平安にその生涯を終えるのを看守りつづけることは、悲しいことであっても、決してつらいことではなかった。そこには病人とともに過ごした、〝生命の質〟をより高めるためのチャレンジがあったからである」〔同：一〇五〕と述べています。

寺本が患者とともに「生と死」に真剣に対峙することができたのは、人間のいのちの重みを知っていたからでしょう。そして、その繰り返しが人間のいのちの重みをより深くすることになるのではないかと思います。

四　おわりに

メイヤロフ（Milton Mayerof）は、ケアリングとは「最も深い意味で、その人が成長すること、自己実現をすることをたすけることである」〔メイヤロフ、二〇〇〇：一三〕と述べています。ケアリングとは、単に身体的・物質的なニーズを一方的に供給することではなく、ケアする者とケアされる者との間の、最も深い人格的交わりの営みであるというのがケア倫理の考え方なのです。むろん、ケアされる者とこうした人格的交わりをもつことは、ケアする者の責務であり、ケアリングを職務とする者にとっては職業倫理の一環でもあると言えるでしょう。しかし、ケア倫理の語る、いっそう重要な点は、自分が他者に必要とされること、他者の人格的成長に役立てるということが、ひるがえってケアする者に深い幸福感を与えるものだということです。マザー・テレサは、よく「シスターたちが貧しい人に奉仕するとき、その貧しい人々こそがシスターたちの本当の恩人になる」、「貧しい人々が自分のすべてをシスターたちの世話に委ねるとき、シスターたちの心は喜びに満たされる」と語りました。それは、宗教者としてのマザーにとっては「受けるより与えることに幸いがある」〔『使徒言行録』第二〇章第三五節〕という聖書の言《ことば》の実践を意味しましたが、しかし、ケアという営みに携わる者なら誰もが経験することのできる喜びであるでしょう。ケアリングは義務である以上に、人間として生まれたわたしたちであればこそ味わうことのできる最高の喜びなのです。

かつて社会福祉は、公権力による措置として一方的に行われる、いうなれば国家福祉とでも称すべきものでした。それが現在では、一人ひとりが有する権利に基づいて、ニーズに応じて契約をする、真の社会福祉がようやく実現しつつあります。そしてここにさらに求められるのは、この新たな社会福祉のかたちを人格不在の権利・義務の人間関係に終わらせることなく、人格的交わりのある人間福祉へと高めていくことでしょう。「生老病死」という同じ宿命を担う人間同士であればこそ成立する「苦しみへの共感」や互いの人格を受けいれ合う「連帯」の人間関係、そして何よりも、かけがえのないいのちを慈しむ、いのちあるものへの畏敬のケアリングが求められているのではないでしょうか。

第4章

福祉の思想史的展開と利用者の人権

◉福祉の歩みと課題

一　はじめに

本書では「福祉」とは何か、あるいは「人間福祉学」とは何かを考えていきますが、そもそも「福祉」とは、いつから存在するのでしょうか。あるいは、なぜ「福祉」と言われるものが存在しているのでしょうか。ここでは、性急に答えを出すのではなく、「福祉」が発展し、とくに「福祉」の思想が広がっていく流れをみていきたいと思います。「福祉」とは、単に施設で介護をしたり、生活に困窮した人に金銭を給付したりするというものではありません。それは確かに福祉のもつ大切な働きですが、ではなぜ、介護を必要としたり生活に困窮したりしている人に対して、社会全体で支えようとするのでしょうか。それは「社会全体で支えるべき」とする思想が承認されているからです。そういう思想は昔からずっとあったのではなく、歴史の積み重ねのなかで形成されてきました。そこで、日本で福祉が広がり、福祉の思想が浸透していく過程をみていきます。

二　日本の福祉の歩みと福祉の思想

◆福祉の先駆的活動

福祉につながっていく先駆的活動は、古くからみられます。たとえば、律令時代の僧侶行基は、迫害に屈することなく、民衆を救済する活動を行ないました。鎌倉時代の僧侶叡尊《えいぞん》と忍性《にんしょう》は、社会から嫌われ、排除されている人に近づき救済しました。こうした活動は、社会から見捨てられた人とともに歩もうとする点で、現在の福祉の思想と共通性をもっています。ただ、あくまで眼前の困っている人を助けることが主であり、社会全体の法的な権利として発展させようとしたわけではありません。そうしますと、近代以降を中心にみることが必要になります。

明治維新を経て、日本は近代社会としての歩みを始めます。近代社会は江戸時代と比べ、身分制度が廃止されたり、職業選択の自由が認められたりして、自由で進歩的な社会のようにみえます。もちろん、幕藩体制がいつまでも続くはずがありませんし、様々な自由が認められたのも望ましいことです。しかし、近代的な税制が導入されると、実質的に増税になる人が少なくありませんでした。職業選択の自由というのは、言い換えれば、競争が起きるということです。競争では負ける人も出てきます。とくに、病気の人、障害をもつ人、身寄りのない子どもなどハンディを負う人は、競争で勝てるはずがありません。そうなると生活が困窮していきます。

それに対し政府は、一八七四年に今の「生活保護法」にあたる「恤救《じゅつきゅう》規則」という制度を制定するなど、若干の対策はとりますが、きわめて限定的なもので、生活に困窮する人の大多数は何の支援もない状態になります。

それを放置できず、慈善事業と呼ばれる活動が開始されました。生活困窮者のなかでも、とりわけ弱い立場に置かれたのは孤児と呼ばれる子どもです。孤児救済は明治の初頭、主としてカトリックの人たちが始めます。代表的なものは、岩永マキによる浦上養育院です。岩永は長崎の浦上の人ですが、浦上のキリシタンとして、明治の初め、迫害を受けて、岡山の鶴島という離島に流される経験をします。迫害が終わって長崎に戻って来てから、ド・ロ神父とともに病者の救済などを行ないました。一八七四年のことですが、病気で両親を失った子どもがいました。放っておくことができず、自分で育てることになります。こうした子どもが次々と現れて、浦上養育院という施設へと発展していきます。

やや遅れて一八八七年に登場するのが、石井十次による岡山孤児院です。岡山孤児院を日本で最初の孤児院とする記述が入門書やホームページなどでしばしば見られますが、決して最初ではありません。今みたように、浦上養育院をはじめとしたカトリックの施設のほうが早く設置されています。岡山孤児院の意義は最初であることではなく、福祉思想を実践のなかから生み出したことにあります。

石井は岡山孤児院を運営するなかで、「教育十二則」を確立していきます。そこでは「満腹主義」と呼んで、食事を十分に摂取させるとか、「非体罰主義」として、体罰を否定するなど、子どもの権利を尊重する姿勢を示しています。当時は「孤児は助けてもらっただけでありがたい」という発想でした。こういう発想では、施設での生活水準は一般家庭より低くてもしかたないという考えになります。石井は、そうは考えませんでした。あくまで人間として当然享受すべき水準の生活を子どもたちに保障しようとしたのです。

◆社会事業の成立

こうして広がった慈善事業は、時代の変動の犠牲になった人を救済し、福祉を本格的に出発させていきます。ただ、福祉の思想そのものと言うにはまだ限界がありました。同情を原点としていますので、温情的な姿勢にもなります。ときに利用者に対して援助者の側が上に立つ発想になります。慈善事業家自身が傲慢な考えをもったということではありませんが、施設を利用する人の主体的権利に立脚したものではありませんでした。

そのため、社会が発展していくなかで、慈善事業ではなく、社会事業と呼ばれる新しい時代を迎えます。日本では、一九二〇年頃に社会事業が成立したと考えられています。社会事業は慈善事業とは異なり、専門性や科学性などを大切にします。また、政府も対策を本格的にとるようになります。

とくに知られた民間の活動として、賀川豊彦による一連の活動があります。賀川は、本来はプロテスタントの牧師ですが、神戸の貧しい人たちの住む地域にみずから居住して活動します。しかし、それだけでは根本的な解決にはなりません。賀川は活動を、労働運動、農民運動、生活協同組合運動などに広げていきます。

政府としても法律の制定や行政の整備を進めます。内務省に社会事業をおもに担当するための社会局を設置します。一九二九年には、現在の「生活保護法」の前身にあたる「救護法」が制定されます。

しかし、戦前は女性の権利が制約されるなど、福祉の前提としての人権が不十分でした。女性が女工として工場で劣悪な労働条件で働かされます。女工の多くは厳しい労働のなかで病いに倒れていきました。石原修『女工と結核』といった報告でその実態が明らかになりますが、対策としての「工場法」が提案されます。戦後の「労働基準法」にあたる法律です。きわめて不十分な内容でしたが、それでも会社経営者たちは強硬に反対します。ようやく制定されたのは一九一一年で、しかも実施はその五年もあとでした。

貧しい家庭で育った女性が遊郭に売られるのは当たり前でした。それは、親の借金の代わりに遊郭で働かされるという事実上の奴隷制度でした。そんな制度を「公娼制度」と言って公的に認めていました。制度をやめさせるために、廃娼運動という運動が取り組まれますが、戦前には実現しませんでした。とくに、一九三〇年代に農村が困窮した時代には、多数の身売りが行なわれました。

一九二五年に「普通選挙法」が成立します。一般的には、二五歳以上の男子に選挙権が与えられたと説明されます。しかし、このとき、国からの福祉の援助を受けている人、施設やハンセン病療養所に入所している人には選挙権はありませんでした。普通選挙は男性限定ながら国民に平等な権利を保障するものでしたが、福祉を利用する人はその平等から除かれたのです。

法制度の充実などの動きも、一九三七年以降は戦争のために一時頓挫《とんざ》してしまいます。戦時中、表面的には福祉に関連する制度がつくられていきます。一九三八年には社会事業や衛生をおもに担当する厚生省（現・厚生労働省）が設置されます。現在の厚生年金や国民健康保険制度は戦時下に出発しています。しかし、戦時下に創設された制度は国民の幸せのために設けられたのではありません。戦前は徴兵制でしたので、一般の男子が徴兵によって兵士になります。ところが、一九三〇年代の農村の経済危機を背景にして、病気がちの人が少なくありませんでした。国民の健康の増進は、戦争遂行のうえで、大切な課題だったのです。また、戦争を始めると、軍事物資を多く製造する必要があります。そのためには労働力が必要ですが、健康な男子は徴兵されていくので、労働者が不足しがちです。こうしたなかで、労働力を確保する必要があったのです。

戦争は国民すべてに生活困難をもたらしましたが、なかでも障害者や病者の困難には厳しいものがありました。精神病院、知的障害者施設、ハンセン病療養所などでは、生活必需品が不足し、医療体制が低下します。そのた

料金受取人払郵便

京都北支店
承　　認
6130

差出有効期限

2011年9月30日
まで〈切手不要〉

郵便はがき

6038789

414

京都市北区上賀茂岩ヶ垣内町71

法律文化社
読者カード係　行

ご購読ありがとうございます。今後の企画・読者ニーズの参考，および刊行物等のご案内に利用させていただきます。なお，ご記入いただいた情報のうち，個人情報に該当する項目は上記の目的以外には使用いたしません。

お名前（ふりがな）	年　齢
ご住所　　〒	
ご職業または学校名	
ご購読の新聞・雑誌名	
関心のある分野（複数回答可） 法律　政治　経済　経営　社会　福祉　歴史　哲学　教育	

愛読者カード

◆書　名

◆お買上げの書店名と所在地

◆本書ご購読の動機

□広告をみて（媒体名：　　　　　　）□書評をみて（媒体紙誌：　　　　　　）
□小社のホームページをみて　□書店のホームページをみて
□出版案内・チラシをみて　□教科書として（学校名：　　　　　　）
□店頭でみて　□知人の紹介　□その他（　　　　　　）

◆本書についてのご感想

内容：□良い　□普通　□悪い　　価格：□高い　□普通　□安い

その他ご自由にお書きください。

◆今後どのような書籍をご希望ですか（著者・ジャンル・テーマなど）。

＊ご希望の方には図書目録送付や新刊・改訂情報などをお知らせするメールニュースの配信を行っています。

図書目録（希望する・希望しない）

メールニュース配信（希望する・希望しない）

〔メールアドレス：　　　　　　〕

め、戦争中に死亡率が顕著に上昇していきます。戦争が長期化していくなかで、兵士が不足すると、知的障害者までが兵士として動員されました。空襲や原爆が各地を襲います。誰もが死に直面する状況になりましたが、なかでも、障害をもつ人は逃げ惑うことさえできずに死んでいったのです。

三　戦後の福祉の制度的発展

◆国際的な動き

こうした戦前の動きを受けて、戦後、福祉が思想として発展してくるのですが、思想が深まってくると、思想を現実のものにしていくため、制度として確立させていきます。その動きは、国内よりは国際的な動向のほうが先行したと言ってよいでしょう。そこでまず、国際的な動きからみていきます。

戦争の悲劇を反省して、一九四八年の国際連合総会で、「世界人権宣言」が採択されます。福祉は人権のうえに成り立つものです。したがって、「世界人権宣言」でふれていることはすべて福祉に関連すると言うべきですが、福祉に直接ふれた規定もあります。第二二条で社会保障を受ける権利を明記しています。第二五条では「すべて人は、衣食住、医療及び必要な社会的施設等により、自己及び家族の健康及び福祉に十分な生活水準を保持する権利並びに失業、疾病、心身障害、配偶者の死亡、老齢その他不可抗力による生活不能の場合は、保障を受ける権利を有する」と規定しています。福祉の保障を受けることを人権の一つとして明確に示したのです。

「世界人権宣言」はすぐれた内容をもっていましたが、あくまで「宣言」であって、法律や条約ではありません。国連加盟国だからといって、法的拘束力を受けるものではないのです。そこで、一九六六年に「国際人権規約」が採択されます。「国際人権規約」は条約ですので、締結国には遵守する義務があります。日本は一九七九年に批准しました。

国際人権規約は「経済的、社会的及び文化的権利に関する国際規約」（A規約）と「市民的及び政治的権利に関する国際規約」（B規約）からなっています。A規約は、いわゆる「社会権」について、B規約は「自由権」について規定しています。福祉の権利はおもに社会権に属しますので、「A規約」に規定されています。「A規約」では第九条で、「社会保険その他の社会保障の権利を認める」と規定し、第一〇条では、児童や母親への保護を定めています。第一一条では、生活条件の改善についての権利を定めています。

福祉に関連する個別の課題でも、宣言が出され、条約へと発展するという流れがみられます。まず、児童に関してですが、一九二四年にすでに、国際連盟で「児童の権利に関するジュネーブ宣言」が採択されています。戦後になって、一九五九年に「児童権利宣言」が出され、「人類は、児童に対し、最善のものを与える義務を負う」としました。ただ、この場合も、「世界人権宣言」と同様、「宣言」ですので、法的拘束力がありません。そこで、一九八九年に「子どもの権利条約」（正式には「児童の権利に関する条約」）が採択されました。日本は一九九四年に批准しました。この条約では、「児童が、社会において個人として生活するため十分な準備が整えられるべきであり、かつ、国際連合憲章において宣明された理想の精神並びに特に平和、尊厳、寛容、自由、平等及び連帯の精神に従って育てられるべき」とし、多様な権利について定め、児童による意見表明権など主体的な権利も明記されています。

次に、権利が侵害されやすい障害者について述べてみます。一九七一年に「知的障害者の権利宣言」が出され、「他の人間と同等の権利を有する」とし、一九七五年に「障害者の権利宣言」が出され、「障害者は、その人間としての尊厳が尊重される、生まれながらの権利を有している」と明記しました。一九八一年には「完全参加と平等」をテーマに国際障害者年が世界的に取り組まれ、わが国でも、政府、民間とも様々な取り組みを行いました。さらに、一九八三年から「国連・障害者の一〇年」が行なわれました。

障害者の権利保障への取り組みを受けて、二〇〇六年の国連総会で「障害者の権利に関する条約」が採択されました。そこでは、「生命に対する権利」「身体の自由及び安全」といった、生存そのものの権利はもちろん、「文化的な生活、レクリエーション、余暇及びスポーツへの参加」といった生活の質に関わるものまで、幅広い権利について締結国に求めています。

◆国内の動き

以上のような国際的な動きは国内にも影響を与えました。日本では、どのような流れで、福祉の思想や権利が確立していったのでしょうか。

戦後さっそく、「日本国憲法」が定められ、とくに第二五条では、「健康で文化的な最低限度の生活を営む権利」が明記されました。それを「生存権」と呼んでいます。第二五条では、さらに第二項で、国の社会福祉、社会保障、公衆衛生への責任にふれています。この条文を根拠に、国の責任で福祉の制度が整備されていきます。

憲法の規定を具体化するために、「生活保護法」「児童福祉法」「身体障害者福祉法」が次々と制定されました。これらの法律は戦争の犠牲のうえに成り立っていることを忘れてはなりません。敗戦前後の混乱のなかで、多くの国民が困窮しました。そうした困窮を背景にして「生活保護法」の制定が急がれました。戦争のなかで両親を失う「戦災孤児」と呼ばれる子どもが大勢生じました。そのため、そうした子どもたちを支援していく必要のなかから、「児童福祉法」が制定されます。また、戦争中、兵士として戦争に参加した人のなかには戦場で負傷し、障害をもった人が少なくありませんでした。「傷痍《しょうい》軍人」と呼ばれる、そうした人たちの支援が求められていたので、「身体障害者福祉法」が制定されたのです。

一九五一年に「児童憲章」が定められました。そこでは、「児童は、人として尊ばれる。児童は、社会の一員として重んぜられる。児童は、よい環境のなかで育てられる」に始まる規定がなされています。戦争のなかで、戦災孤児のほか、児童が命を失ったり、学童疎開などの苦難を強いられたり、犠牲を経たうえでの到達点でした。法律ではありませんが、当時としては児童の権利を高らかに謳《うた》ったものです。ただ、現在の目から見ると、「与えられる」「保護される」などと、児童が受け身になっていて、児童を権利主体として捉える発想は乏しく、護られる存在として位置づけられています。

高度経済成長期には、「精神薄弱者福祉法」(現「知的障害者福祉法」)「老人福祉法」「母子福祉法」(現「母子及び寡婦福祉法」)が制定されます。また、一九六〇年頃ですが、国民皆保険・皆年金が確立します。「病気になれば病院に行く」というのは当然だと誰もが思っています。しかし、それは国民皆保険といって、原則として、すべての人が医療保険に加入し、治療費のかなりの部分が医療保険から給付されるので、安心して病院に行くことができるからなのです。医療保険のない時代、あるいは、あっても全員が加入していなかった時代には、病気になったからといって、簡単に病院に行くことはできませんでした。国民皆保険・皆年金は生きる権利そのものの保障なのです。

こういった一連の法律は、制定時点では制度を大きく前進させるものでしたが、なかには戦後すぐに制定された法律もあります。半世紀の間に、福祉の思想がより深まりをみせましたし、国民の意識も変化してきましたので、時代に合わない面も出てきました。そこで、一九九〇年代以降、法改正が繰り返されています。

一九九三年に「障害者基本法」が制定されました。一九七〇年に制定された「心身障害者対策基本法」を改正したものですが、障害者の自立や社会参加の支援のための施策の基本的な理念について定めています。そのほか、障害者に関連する法制定や法改正が一九九〇年代以降進んでいます。なかでも、「精神保健法」が一九九五年に「精神保健及び精神障害者福祉に関する法律」に改正されましたが、これによって、それまで福祉サービスが乏しかった精神障害者について、福祉サービスが拡充されました。

二〇〇〇年には、「社会福祉基礎構造改革」と呼ばれる改革が叫ばれ、福祉関係の主要な法律が改正されました。そこでは、利用者の苦情処理の仕組みが整備されたり、福祉サービスの質の確保など、利用者の立場を擁護する内容が多く含まれています。

やはり二〇〇〇年に、「児童虐待の防止等に関する法律」が制定されたのをはじめ、以後「発達障害者支援法」「高齢者虐待の防止、高齢者の養護者に対する支援等に関する法律」などの制定が続いています。

ただ、これら法改正がすべて歓迎されているわけではありません。以前と比べて、利用の手続きが複雑になったり、利用するための利用者負担が増えたりしたものが少なくありません。あるいは、「自立」が強調されるようになりました。福祉が温情でなく、自立を重視するようになったことは前進です。しかし、自立というのは決して支援せずに放置すればいいということではありません。自立の内容を精査しないと、自立の名で、なすべき支援がなされなくなる危険もあります。児童福祉について、しばしば少子化対策としての側面が強調されます。しかし、児童福祉はあくまで子どもの幸せのためのものであり、子どもが減ると将来の税金や保険料の払い手がいなくなって、今の大人が困るので取り組むものではありません。

こうして、宣言、条約、法律が出て、整備されていくことは、制度の発展として歓迎すべきことです。ただ、その背景には、児童や障害者の権利がしばしば侵害されてきた実態があることを無視してはなりません。すでに権利が十分保障されているのに、わざわざ「権利を有する」と強調する必要はありません。

児童や障害者についてとかく、判断力が低いことや労働生産性が低いことなどを理由にして、差別を正当化することがまかり通ってきました。次第に反省して、権利保障について法的には整備されてきました。ただ、法に書けば自動的に権利が実現するわけではありません。事実、次に述べるような動きが一方ではみられました。条約や法で権利を保障しても、実際に機能していなければ意味がありません。権利を実質的なものにするための努力が求められるのです。

四　福祉に反する動き

◆ハンセン病者への差別

このように福祉の思想が発展してきた反面、しばしば利用者の人権が侵されてきたことも否めない事実です。戦後、憲法で基本的人権を尊重することが示されましたが、実際には権利侵害が繰り返されていきます。

そのなかでも、ハンセン病の人たちを強制隔離したことは、近代における人権侵害として反省を迫るものです。かつて「癩《らい》」と呼ばれていたハンセン病者について、一九〇七年に「癩予防ニ関スル件」が制定され、療養所が設置されました。さらに、一九三一年には、「癩予防法」へと改正され、感染症なので隔離して予防すべきであると称して、強制隔離政策がとられ、全患者を強制的に療養所へ収容しようとしました。療養所は離島や山間部など、不便な場所に置かれました。たとえば、岡山県の離島に、長島愛生園、邑久光明園という療養所があります。現在は橋が架かっていますが、この橋が完成したのは一九八八年です。それまでは船で往来するしかなかったのです。しかも、大勢の患者が入所したのに、それに対応した医療体制や生活設備がなく、低劣な生活を強いられました。

戦前は、基本的人権の考え方が乏しかったという背景もあります。また、治癒が困難な病気であったことも否めません。しかし、戦後になって、基本的人権が憲法に規定され、特効薬の登場で治癒可能になったにもかかわらず、実態は変わりませんでした。一九五三年に戦前の「癩予防法」を「らい予防法」へと改正するのですが、隔離の原則を変えるものではありませんでした。ハンセン病者による自治会活動の成果もあって、生活実態が改善されていきます。しかし、人権を軽視する発想が消えたわけではありません。

戦後に起きた人権侵害の事件として、一九五四年から五五年にかけて熊本市で起きた竜田寮児童通学拒否事件と言われるものがあります。竜田寮とは、親がハンセン病の療養所に入所したために、子どもが一緒に暮らせなくなることから必要とされた施設で、子ども自身はハンセン病ではありません。

地域の小学校に通学しようとしたところ、小学校の保護者らが通学に猛烈に反対したために、竜田寮の子どもたちがその小学校に通学できなくなってしまいました。近くの小学校に通うという、ごく当たり前の権利さえ拒否されてしまったのです。社会問題化して、解決が目指されたのですが、子どもへの拒否が強く、事態が長期化していきます。最終的には子どもたちは養護施設（現在の児童養護施設）に分散して預けられるという曖昧な決着がはかられました。世論も子どもの味方をすることがありませんでした。つまり、子どもを排除したのは保護者だけではなく、社会全体であったと言えるでしょう。

ハンセン病は隔離というやり方を徹底して行なったために、問題の所在がみえやすいのですが、社会にとって特定の人を困った存在だと認識し、何らかのかたちで囲い込むということは、しばしば行なわれました。社会福祉施設も、入所者の権利を保障するという名目で設置されましたが、社会防衛的な発想がなかったとは言えません。ホームレスの人たちは物理的に閉じ込められているわけではありませんが、社会から排除されているのです。

◆優生思想

次にみておきたいのは、優生思想という考えです。優生思想とは、優秀な人を増やし、劣等な人を減らすことで社会が発展するという考え方です。優秀な才能をもった人を人為的に増やすことは、実際には困難ですので、劣等とされる人を減らすことに関心が向かうことになります。具体的には、障害をもつ本人や配偶者、近い親族を対象として不妊手術を求めたり、妊娠した場合に中絶を求めたりします。人間の命の価値に序列をつけ、障害をもつ人の命を社会にとって不用なものとして排除しようとするのです。二〇世紀になって、進歩的な考えとして、多くの人に影響を与えました。前述した賀川豊彦も優生思想の立場にたってしまいました。

優生思想については、ナチス・ドイツによる障害者の安楽死が有名ですので、ナチスのような特異な思想・行動のものと考えがちですが、そうではありません。ノーマライゼーションを提唱してきたはずのスウェーデンやデンマークでも広がっていました。優生思想は決して遅れた思想なのではなく、むしろ先進的な思想として受けいれられていたのです。日本でも、戦後になって、より広がりをみせます。

福祉国家で優生思想が広がった事実は不思議に感じられますが、なぜでしょうか。福祉国家でない社会、たとえば日本の江戸時代を考えますと、障害者への公的な福祉はほとんどありません。障害者の生活は私的に支えるしかありませんでした。障害者の存在は障害者本人や家族にとっては様々な負担が生じますが、それ以外の人にとっては負担にはなりません。

ところが、福祉国家になると、障害者の生活を公的に支えることになります。公的に支えるということは、社会の構成員一人ひとりが負担をすることです。障害者の存在が負担になるという認識が生じるのです。そこで、障害者が少なくなれば、社会的な負担が減るという発想につながりました。

それに加え、障害をもつことは不幸であり、生まれないほうが幸せだという考えがありました。なるほど、障害者が不幸にみえる現実があることは否定できません。しかし、なぜ障害者が不幸にみえるのでしょうか。それは障害者に対する、適切な支援の仕組みに欠けているためです。障害者が一見不幸にみえるのは、障害それ自体が原因ではなく、支援の仕組みをつくらない社会の側に問題があるのです。

日本でも、一九四〇年に「国民優生法」が制定されます。さらに、一九四八年に「優生保護法」が制定され、一九九六年に「母体保護法」へと改正されるまで続きました。ある県では、行政が中心になって「不幸な子供の生まれない運動」というものが展開されました。

障害者を否定的にみる発想のなかで、障害者を社会から切り離し、施設に収容するという発想が強まっていきます。ようやく一九七〇年代になりますと、ノーマライゼーションの思想が浸透したり、障害者みずからの運動が広がったりして、優生思想の誤りが認識されます。それでも、実際に「優生保護法」が改正されるのは一九九六年でした。

◆水 俣 病

戦後の日本は高度経済成長を達成しますが、そのなかで起きたのは、公害、食品公害、薬害などです。公害で言えば、水俣病、イタイイタイ病などが知られます。食品公害では、森永ヒ素ミルク中毒事件、カネミ油症事件、薬害ではサリドマイド事件が有名です。これらの事件に共通するのは、第一に、事件発覚後、すみやかに対処するのではなく、企業の利益を考慮して対応を遅らせているうちに被害が拡大したことです。第二に、やはり企業の利益を優先して、補償が十分なされないまま時間が経過してしまったことです。何とか被害者と加害企業が和解して一応の解決をみた事件もありますが、その場合も事件発生からかなりの時間が経過しています。

水俣病を例にとってみますと、水俣病とは、熊本県水俣市の周辺で発症した公害病で、チッソ水俣工場の排水に含まれるメチル水銀と呼ばれる物質を、魚を介して人間が摂取したことを原因とし、感覚障害、視野狭窄《きょうさく》、手足の震えなどの症状がみられ、重症の場合は死亡することもあります。事件が公式に認識されたのは一九五六年です。すぐにチッソの工場の排水が原因ではないかと疑われました。ところが、チッソは否定します。チッソは自分たちで行なった実験で、排水が原因であることを知っていたのですが、実験結果を隠していました。企業も行政も、事実を隠したり、ごまかしたりすることに精力を傾け、患者の立場にたつことがありませんでした。こうしたことをしているうちに時間が経過し、政府がチッソの排水に原因があることを認めたのは一九六八年でした。その間に被害は広がるばかりでした。

さらに、裁判で原告勝訴になるのは一九七三年です。ようやく補償の枠組みができたのですが、今度は誰が水俣病なのかを判断する基準を厳しく設定したことや、患者を認定する作業が遅れたことから様々な裁判が提訴され、最初の発見から半世紀経っても解決していない状態が続きました。

ここでは限られた問題を取り上げることしかできませんが、人権に反する状況におかれた人たちは大勢います。戦後、基本的人権が尊重されるようになったと言われますが、実際には、人権侵害が繰り返され、命が奪われることも少なくなかったのです。福祉の思想はこうした犠牲が重ねられたうえで出てきた思想でもあるのです。

五　福祉の思想の新たな展開

◆ノーマライゼーション

こうして、福祉に反する動きがありつつも、一方では、福祉の法制度が一定の前進をみたことも確かです。その背景には、福祉の思想への理解が進み、浸透してきたことがあります。なかでも、ノーマライゼーションについては社会的に承認され、常識となったと言ってよいでしょう。ノーマライゼーションは障害をもつ人を特別視するのではなく、社会のなかで普通に暮らすことをノーマルだとする考え方です。かつては障害者について、特別な存在だから特別に扱おうという発想がありました。そうした発想のなかで、障害者を社会から隔絶された施設に「収容」するということが行なわれました。

そうした実態に対して疑問を呈し、誰もが人として当たり前の暮らしをする権利があるはずだという考え方が現れました。ノーマライゼーションの考え方はデンマークの社会省の行政官であったニルス・バンク＝ミケルセンが一九五九年の「知的障害者福祉法」によって打ち出し、スウェーデンのニーリェによって明確な定義が行なわれ、広く承認されるようになりました。

ノーマライゼーションは、北欧で提起されたとはいえ、なにも外来の思想ではありません。日本でも、糸賀一雄はほぼ同じ趣旨の主張を提起しています。糸賀は、近江学園、びわこ学園を創設し、知的障害児や重症心身障害児の福祉や教育に尽力した人です。『福祉の思想』などを刊行していますが、とくによく知られているのは「この子らを世の光に」という訴えです。

「この子らに世の光を」というのが、それまでの発想でした。つまり、障害児をかわいそうな存在だと認識して、かわいそうな障害児に世の情けをかけようというのです。この発想では、障害児は同情にすがって生きていくしかありません。糸賀は正反対に考えました。障害児は社会にとって欠かせない貴重な一員であり、障害児がいるからこそ、社会は輝くことができるのだというのです。糸賀はノーマライゼーションということばを使ったわけではありませんが、内容は温情的な発想を排し、障害者の存在を社会にとってかけがえのない尊いものに位置づけるものでした。

◆当事者による取り組み

こうして温情的な福祉観が転換されていきますが、それは先駆者のような人の活動によってのみもたらされたのではなく、むしろ、病者や障害者みずからの運動があります。戦前すでに、視覚障害者による運動がありました。一九二五年の「普通選挙法」の限界を指摘しましたが、一方では、すでに戦前から点字投票が行なわれていました。一九三七年にヘレン・ケラーが最初の来日をしますが、尽力したのは、自身も視覚障害をもつ岩橋武夫でした。

戦後さらに、障害者、病者自身による運動が展開され、権利を獲得していきます。前述のハンセン病の問題も、病者による運動のなかで療養所での生活水準が改善され、「らい予防法」の廃止を勝ち取ったのです。

社会的な影響の大きかった運動として、朝日訴訟が著名です。一九五七年に始まる朝日訴訟は、結核患者による裁判闘争です。朝日茂は、生活保護を利用して、岡山の結核療養所に入所していました。しかし、当時の生活保護基準は「健康で文化的」というにはほど遠いレベルに設定されていました。朝日は当時の生活保護基準を憲法違反として訴えました。一審で勝訴し、判決では生活保護基準というものは予算に制約されるべきではないと述べられました。しかし、国側が控訴します。二審では、生活保護基準の低劣さは認めましたが、憲法違反との主張は退けました。今度は朝日側が上告します。上告後、朝日茂が死亡したこともあって、勝訴を得ることはできませんでした。しかし、この裁判は、「人間裁判」と呼ばれ、広く国民の、福祉への関心を喚起して、福祉の実現に大きな影響を与えました。

朝日訴訟以降も、堀木訴訟など福祉の拡充を求める裁判が提起されています。近年では、障害基礎年金をめぐる裁判が、社会的な注目を集めました。現在は、学生であっても二〇歳以上になると、国民年金への加入と保険料の支払いが義務づけられます（学生については、納付特例といって、手続きをすれば保険料を払わなくてもいいという制度があります。その場合、障害基礎年金は、保険料を払っているのと同様に満額支給されますが、老齢基礎年金は払わない分が減額されます）。しかし、一九九一年以前は、学生については加入が任意であったため、ほとんどの学生は加入していませんでした。そのため障害者になった場合、障害基礎年金が支給されないという事態が起きたのです。それに対し、制度の欠陥を追及して支給を求める裁判が起きました。最終的に勝訴を得ることはできませんでしたが、救済措置が制度化されました。裁判がなければ、救済措置が実現することはなかったでしょう。

同情や温情の福祉は、一人ひとりを大切にすることではないのです。支援をする側が主導権を握るという発想であって、人間の尊厳からスタートすることにはなりません。生活保護にしても、年金にしても、本当は権利であるにもかかわらず、国による温情という発想が残っているので、こうした事件につながってしまうのです。必要なのは、すべての人に社会の一員としての権利があり、福祉はそれを保障し、社会参加を実現していくものであるという認識です。

◆新しい思想へ向けて

バリアフリーが求められるようになったのも、そういう認識が広がったからでしょう。バリアフリーは、道路や建物の段差をなくしたり、エレベーターや手すりを設置したりするなど、障害があっても使いやすいように工夫することをさします。たとえば、「バリアフリー住宅」というのはそういう意味です。かつての技術ではやむをえなかったとはいえ、住宅や建築物、駅、乗り物などにおいて当然のこととして段差がありました。そのため、たとえば公民館があったとします。障害者の使用を禁じているわけではなく、形式的には差別はないのですが、段差があったり、エレベーターがなかったりすることで、実際には障害者が利用できませんでした。そういうことがないように、現在では、「高齢者、障害者等の移動等の円滑化の促進に関する法律」が制定され、公共の場でのバリアフリーが促進されています。

しかし、いくら物理的に段差が解消しても、障害者が実質的に排除されていては意味がありません。したがって、そうした排除のない状態まで含めてバリアフリーと使う場合もあります。段差があって車いすでの移動が困難なことも問題ですが、段差があることで、困る人がいる事実に誰も気づかないとすれば、そのほうがもっと問題です。しかも、利用できなくなることで、社会参加や自己実現の場が失われていきます。つまり、バリアフリーというのは建築上の技術的なことよりも、社会のあり方自体を問いかけているのです。

さらに、ユニバーサル・デザインへと深められています。バリアフリーには、バリアというマイナスのものを取り除く、どちらかと言えば後ろ向きの発想が含まれているのに対し、ユニバーサル・デザインは誰もが住みやすい社会をつくっていくという、創造的な発想に立脚しています。

近年では、ソーシャル・インクルージョンの概念が提起されています。インクルージョンとは、強いて日本語で表記すると「包摂」という語があてはまります。社会全体からみて異質と思われる人について、異質さを取り除く努力を条件として、存在を容認するということがあります。たとえば、外国人について、日本語や日本的な文化の習得を要求したり、障害者について障害の軽減を要求したりするといったことです。しかし、違いがすっかりなくなることはありません。違っている人が、社会の連帯のつながりから切り離されることになりがちです。それでは誰もが安心して生活できるようにはなりません。そうではなく、違いを理由にして排除したり摩擦を起こしたりするのではなく、人と人とのつながりの意義を認識して社会をつくっていこうというのです。そのために、排除される人をつくることなく、一人ひとりのニーズを捉えて、社会の構成員として包み、支え合うことが求められることになります。

こうした理念は、いささか現実離れしている面もあります。実際には、今でも障害をもつことで様々な不利益が生じるのが実態でしょう。だからといって、ここまで述べてきた福祉の思想が単なる絵空事ということになるわけではありません。そこへ向けての努力を始めることが社会の構成員一人ひとりの責務であり、その責務の内容を具体的に示していくことが人間福祉学の課題なのです。

また、福祉の思想は固定的なものではなく、発展してきました。したがって、現在語られている思想も、やがて克服され、さらに新たな思想へと展開していくものと思われます。わたしたちが新たな思想を生み出していくためには、福祉について絶えず関心を向け、そのあるべき姿について議論と実践を積み重ねていくことが求められます。

第5章　ウェルフェアからウェルビーイングへ

◉子どもの視点にたった児童家庭福祉

一　はじめに

　都市化、核家族化そして少子化が進み、子どもを取り巻く家庭や地域社会が大きく変化しました。たとえば、公園や空き地で多くの子どもたちが遊んでいるのを見かけることができなくなってきています。このように、子どもの数が減少し、子どもどうしで遊ぶ機会も少なくなったことは、子どもの仲間関係の形成、社会性の発達、そして規範意識の形成に悪影響を与えていると言われています。一方、子育て中の親は、子育てに関する知識や技術が不十分なまま子育てをしなければなりません。親どうしで情報を交換し、助け合う機会も少なくなってきています。さらに、父親の参加・参画が得られないまま、母親が一人で子育てに専念することが一般化し、子育ての責任が母親に集中するようになってきています。また、女性の社会的進出にともない、働く母親には仕事・

家事・子育てという過重な負担がかかってきています。

　このように、かつては子どもを育み、守ってきた家庭・地域社会の子育て機能や教育力が低下しています。その結果、子どもや親子関係に関する問題、たとえば、子どもの犯罪、いじめや不登校、ひきこもり、そして子育て不安や児童虐待などが深刻な社会問題となっています。そこで、以上のような子どもや家庭の問題を解決するために、子どもの育ち、親の育ち、子育てに対する社会的支援の必要性が増大しています。すべての子どもと家庭を対象にした総合的で計画的な子育て支援対策が求められているのです。

　つまり少子高齢社会においては、ウェルフェアとしての児童福祉から、ウェルビーイングとしての児童家庭福祉への転換を進めていくことが重要になってきます。前者は、救貧的・慈恵的・恩恵的歴史をもっており、最低生活保障としての事後処理的・補完的・代替的な児童福祉です。後者は、人権の尊重、自己実現、そして子どもの権利擁護の視点にたった予防・促進・啓発・教育、そして問題の重度化・深刻化を防ぐ支援的・協同的プログラムを重視しています〔高橋、二〇〇二a：八〕。社会福祉の基礎構造改革の流れのなかで、児童福祉の分野においても、子どもや家庭のウェルビーイングを実現するために、全面的な制度の見直しが行なわれています。

　一九九七年の「児童福祉法」の改正により、児童福祉のサービスの理念も伝統的な「児童の保護」から「自立支援」へと転換されました〔同：九〕。さらに、二〇〇三年は「子育て支援元年」と言われるように、子育て支援に関する法律が相次いで成立しました。二〇〇三年七月に「次世代育成支援対策推進法」と「少子化社会対策基本法」が公布され、「児童福祉法」の一部改正も行なわれました。八月一日には厚生労働省より「行動計画策定指針」も発表されました。そして、二〇〇五年四月からは、一般企業〔雇用者三〇一人以上、二〇一一年四月一日以降は一〇一人以上〕も含め、都道府県・市町村の行動計画のもとに、総合的・計画的な子育て支援対策が進められることになりました。

この「行動計画策定指針」に、市町村や都道府県が行動計画の策定を行なうための基本的な視点として、子どもの視点が明示されたことは重要です。「子どもの視点」として、次のように述べられています。「我が国は、児童の権利に関する条約の締約国としても、子どもにかかわる種々の権利が擁護されるように施策を推進することが要請されている。このような中で、子育て支援サービス等により影響を受けるのは多くは子ども自身であることから、次世代育成支援対策の推進においては、子どもの幸せを第一に考え、子どもの利益が最大限に尊重されるよう配慮することが必要であり、特に、子育ては男女が協力して行なうべきものとの視点に立った取組みが重要である」と記されています。

本章では、子どもの視点にたって、現代の子どもや親子関係の問題、具体的には、児童虐待の問題を検討することによって、今後の児童家庭福祉のあり方を考えてみたいと思います。そこで、第一に、こんにち問題になっている児童虐待をどのように捉えたらよいのかということについて述べておきます。第二に、児童虐待が子どもの権利の侵害であることを明らかにしていきたいと思います。第三に、児童虐待が家庭の病理現象として現れてきていることについてみていくことにします。第四に、このような児童虐待という人権侵害に対して、どのように対応していけばよいのか検討します。そして、最後に、子どもの視点、さらには人間福祉の視点にたったとき、このような児童虐待を解決するために児童家庭福祉を実践する者には、どのような姿勢が求められているのか考えておきたいと思います。

二　児童虐待の捉え方

子どもに対する虐待は、どの時代、どの文化にも存在してきました。わが国でも、かつては「間引き」と言われた嬰児《えいじ》殺し、親子心中という子殺し、人身売買、捨て子、子どもの心身を酷使する児童労働、しつけと称した体罰が行なわれてきました。どの時代、どの地域にも身近な大人による暴力など不適切な関わり方によって苦しみ、傷つき、また命を失った子どもたちは多数存在していたのです。

池田由子は、こんにち社会問題となっている児童虐待の特徴を明確にするために、児童虐待を「社会病理としての児童虐待」と、「精神病理としての児童虐待」あるいは「家族病理としての児童虐待」とに整理しています［池田、一九七八：九C］。前者を「社会が貧しく、また子どもの人権を認めずに行う虐待」とし、後者を「社会が子どもの権利というものを認めるようになってからも、親個人の精神病理として行われる虐待、あるいは家族全体の病理としてあらわれる虐待」としています。そして、すでに一九七八年の時点で、「貧困や人権無視など、社会病理としての児童虐待は減少しているものの、現代のわが国では、精神病理としての、あるいは家族病理としての児童虐待はかえって増加しつつある傾向が見られる」と指摘しています［同：一〇］。こんにち、わが国において問題になっているのは、後者の児童虐待であると言えます。

したがって、児童虐待への対応を考える場合、二つの側面からみていく必要があります。第一には、社会が子どもの権利をどのように認識しているかということです。第二には、児童虐待を家族病理・家族問題として理解していくことが必要になってきます。

そこで、最初に、こんにち子どもの権利はどのように認識されているか、また児童虐待などの子どもの権利侵害をどのように捉えればよいのかということについて考えます。そして、次になぜ家族のなかで児童虐待が生じるのか、その背景や原因を探っていきたいと思います。

三　児童虐待と子どもの権利保障

わが国において、児童相談所における児童虐待の相談件数が報告されるようになったのは、一九九〇年からです。この頃からマス・メディアでも児童虐待について取り上げられるようになり、社会問題として認識されるようになりました。一九八九年に国連総会で採択された「子どもの権利条約」が日本で批准されたのは一九九四年でした。二〇〇〇年には「児童虐待の防止等に関する法律」も制定されました。世界やわが国において、子どもの権利を保障するということが課題となり、子どもは親や家の従属物ではなく、一個の人格であるという見方が広まるのと並行して児童虐待問題も表面化し始めたと言えます〔森田、二〇〇四：一三〕。

また、子どもを一個人として尊重されるべき人格とみる子ども観か、あるいは親や家族や国家による指導と育成の対象とみる子ども観か、子ども観の違いによって、児童虐待の対応のしかたは大きく異なってくると言われています〔同、一三〕。これまでの児童福祉の基底となる子ども観は、後者の子ども観でした。この子ども観は、「未成熟で、未発達な子ども」であり、これに基づく援助観は、「父権的温情主義」（パターナリズム）、「国親思想」（パレンス・パトリエ）などの思想にみられるように、「親・大人が保護的に関わる」ことでした〔山田、二〇〇三：一八七〕。一方、「子どもの権利条約」は、このような「伝統的子ども観」ではなく、子どもを権利行使の主体と位置づけるという「新しい子ども観」を明らかにしました。「子どもの権利条約」は、わが国の、これまでの子どもの権利に関する考え方に検討を迫るものであり、今後、子どもの権利の主体性について、社会的合意を形成し、子どもの権利を法的にも、実質的にも、保障していくことが求められています。「子どもの権利保障」については、とくに以下の三点を認識しておく必要があると思われます〔八重樫、一九九五：五二‐五五〕。

① 権利行使主体としての子どもの位置づけ――「子どもの最善の利益」の保障

(a) 伝統的子ども観による受動的権利保障　「児童福祉法」第一条第二項は、「すべて児童は、ひとしくその生活を保障され、愛護される」権利を有すると解釈されており、また、「児童憲章」には、より具体的に子どもの権利が明記されています。ここでは、子どもが大人によって「…される」、「…られる」と受動形で表現されているように、子どもは大人に比べ、身体的・心理的・社会的にも未熟であるがゆえに、大人から「保護を受ける権利」、すなわち網野武博の言うところの、「受動的権利」〔網野、一九九二：一四‐一七〕を有すると理解されています。「子どもの権利条約」の第三条や第一八条等においても、国や保護者は「子どもの最善の利益」を尊重し、子どもを保護しなければならないことが規定されています。

たしかに、ポルトマンも言うように、人間の子どもは人間以外の哺乳動物と比べると生理的早産としか言いようのない状態で生まれてくるので〔ポルトマン、一九九一：六〇‐六六〕、乳児は母親の胎内にいるときのような庇護《ひご》が必要です。生理的早産の状態で生まれた人間は、未成熟であるがゆえに多くの可能性をもっている存在であると同時に、親や大人が保護しなければ生きていけない存在でもあります。しかし、ここには、保護する大人（親）と保護される子どもという、上下・支配的関係が生じ、子どもの人間としての主体性を否定して、大人

（親）が子どもの人権を侵害する危険性も生じてきます。保護を受ける権利を基本とする受動的権利の保障は、大人の側からの子どもの支配、統制、管理を必然的に高める傾向があり、子どもの個人的自立、社会的自立を、むしろ遅らせるおそれや、「子どもの最善の利益」が、究極のところ、大人の判断で終わる可能性も出てくるわけです［網野、一九九二：一四 - 一七］。

(b)　新しい子ども観による能動的権利保障　　そこで、子どもを権利行使の客体であるだけでなく、権利行使の主体として理解し、認識すること、すなわち網野の言うところの「能動的権利」［同：一四 - 一七］を明確にしていかなければなりません。「子どもの権利条約」には、受動的な「保護を受ける権利」とともに「能動的権利」が明確に規定されています。第一二条の「意見を表明する権利」、第一三条の「表現の自由についての権利」、第一四条の「思想・良心・宗教の自由についての権利」、第一五条の「結社・集会の自由についての権利」、第一六条の「プライバシー・通信・名誉の保護に関する権利」、そして第一七条の「適切な情報へのアクセスに関する権利」がこれにあたります。また、これらの能動的権利は、「市民的生活保障への権利」でもあります［古川、一九九二：一九 - 七四］。つまり、この市民的権利は、子どもを近代社会を構成する市民の一人と捉え、成人たる市民の場合と同様に承認されるべき権利であり、大人とともに社会に参加することを保障する権利でもあります。

このなかでもとくに能動的権利の特徴を端的に表しているのは、第一二条の「意見を表明する権利」です。この条文には、第一に、自己の見解をまとめる力のある子どもは、自己に影響を与えるすべての事柄について、自由に見解を表明する権利を有すること（意見表明権）、第二に、子どもの見解を年齢・成熟に応じて正当に重視すべきこと（子どもの見解の重視）、第三に、司法・行政手続きにおいて、子どもに聴聞の機会が与えられなければならないこと（聴聞の保障）が規定されています［永井・寺脇、一九九〇：七二］。子どもの最善の利益を、子ども自身がみずから判断するとともに、自己に関わる決定にみずから参加することによって、その判断能力を形成していくためにも、この「意見を表明する権利」は重要な意味をもっています。柏女霊峰も指摘しているように〔柏女、一九九五：六四 - 七六〕、「意見を表明する権利」が十分保障され、その意見が尊重されることによって、はじめて「子どもの最善の利益」が真に達成されるのです。

子どもが虐待され、子どもの権利が侵害されている場合、「子どもの最善の利益」を保障するためには、子どもの「意見を表明する権利」を保障するための手続きを整備していかなければなりません。つまり、どの年齢の子どもに対しても、その子どもの年齢を考慮しつつ、子どもの意見を尊重し、子ども自身に関わる事柄を決定する場に、子ども自身が参加できる機会を保障するための手続きを整備し、子どもの権利保障システムを構築することが、必要になってくると思われます。

②「子どもの権利」（子権）の尊重

網野や柏女は、こんにち、子育てを親が一手に担うことによって強まる親の権利（親権）と、子どもが生存し発達しようとする権利（子権）の対立が生じた場合、公権がこれにどのように介入し、調整していくかということが重要な課題になってきていると指摘しています〔網野、一九九四：八 - 一〇、柏女、一九九五：六四 - 七六〕。しかし、「わが国の法制度は、親権の伝統的な強さともあいまって、国（行政・司法）、親、子の三者関係が欧米諸国に比してあいまいであり、『公権』が『親権』や『私権』に対して『子権』確保のために介入する思想や手段が限定的である」〔柏女、一九九五：六四 - 七六〕と言われています。親が子どもの権利を侵害し、親権と子権が対立する児童虐待に関しては、親権・子権・公権を調整する効果的なシステム構築が緊急の課題となっていますが、「子どもの権利条約」は、その思想と手段を考えていくうえで、多くの示唆を与えてくれると思われます。

「子どもの権利条約」の第一八条一項は、子どもの養育責任に関する最も重要な規定です。ここには、まず㈠「児童の養育及び発達について父母が共同の責任を有する」こと、㈡「児童の養育及び発達について第一義的な責任を有する」ものは「父母又は場合により法定保護者」であること、そし、㈢これらの養育責任者が常に考慮すべきことは「児童の最善の利益」であることを確認しています。そして第二項において、国は、親がこの養育責任を遂行するにあたり、適当な援助を与え、子どもの養護のための施設、設備、サービスを提供する義務があることを規定しています。

また、第九条第一項においては、親の意思に反する分離禁止の原則を明らかにし、次に、司法機関が法律や手続きにしたがって、親からの分離が子どもの最善の利益のために必要であると決定した場合は、親からの分離を認めています。さらに、第一九条には、子どもが親などによって、虐待、搾取されている場合、国は子どもを保護するためにすべての適当な立法上、行政上、社会上そして教育上の措置をとることが規定されています。

以上のことから、以下の五点が確認できます。まず、第一に「子どもの最善の利益」、すなわち子どもの権利（子権）が最優先されることです。第二に、親権は、子どもに対しては養育責任の義務として理解され、公権に対しては養育責任の法的権利であること、したがって「子ども最善の利益」に反しない限り、親権が公権より優先されることです。第三に、公権は、親の義務である養育責任を援助しなければならないことです。第四に、法的に「子どもの最善の利益」に反しているとされた場合には、たとえば、親が子どもを虐待している場合には、公権が親権に介入し、子どもを親から分離できることです。そして第五に、公権は、子どもが不当に取り扱われている場合、子どもを保護するために適当な立法、行政、社会、教育上の措置をとることが必要であるということです。

③　子どもの「ウェルビーイング」の促進――子どもの自己実現の保障

国連などの国際機関や欧米諸国では、救貧的、あるいは慈恵的イメージをともなう「ウェルフェア（福祉）」に代えて、「よりよく生きること」、「自己実現の保障」という意味合いをもつ「ウェルビーイング」ということばが用いられています。

「子どもの権利条約」では、前文や第三条二項でウェルビーイングが使われています（ただし、政府訳では、ウェルフェアもウェルビーイングも「福祉」と訳されている）。また、一九九〇年九月に「子どものための世界サミット（首脳会議）」国際本部において採択された「子どもの生存、保護および発達に関する世界宣言」においてもウェルビーイングのことばが使用されています［高橋、一九九四a：一五五―一五九］（ただし、ユネスコ駐日代表事務所訳では「福祉」と訳されています）。さらに、一九九三年マルタで開催された「国際家族年世界NGOフォーラム」のテーマが「個人と社会のウェルビーイングのために家族を助長する」であることからもわかるように、ウェルビーイングは国際家族年の重要なキーワードの一つでもありました［高橋、一九九四b：六］。

一方、わが国において、行政レベルでウェルビーイングということばがキーワードとして最初に取り上げられたのは、「中野区学童クラブのこれからのあり方―提言―」（東京都中野区学童クラブあり方懇談会、一九九三年三月）だと思われます［高橋、一九九四a：一五五―一五九］。また、『子供の未来二一プラン研究会報告書』（たくましい子供・明るい家庭・活力とやさしさに満ちた地域社会をめざす二一プラン研究会、一九九三年）においても、ウェルビーイングということばは、今後、わが国の児童福祉理念の議論に示唆を与える概念であると指摘されています。さらに、報告書『子どもたちのたびだち—子どもの「人権の尊重と自己実現」（ウェルビーイング）をめざして』（「かながわ子ども未来計画（仮称）」検討委員会、一九九五年）には、基本理念として「すべての子どもと家庭のウェルビーイング（人権の尊重、自己実現の支援）」が掲げられています。そして、さきにも述べたように、一九九七年の「児童福祉法」の改正により、児童福祉のサービスの理念も伝統的な「児童の保護」から「自立支援」へと転換されました［高橋、二〇〇二a：九］。

このように、「児童福祉法」のなかには、ウェルビーイングということばはありませんが、理念として「自立支援」が重視されるようになってきました。社会福祉における「自立」の概念は、一九八一年の国際障害者年などを契機として、単に、身辺自立や経済的自立だけをさすものではなく、自己決定に基づく自律（自分の行動を自分で決めること）を含めた概念として変化してきました［秋元ほか、二〇〇三：二四九］。最近の自立の概念においては、自己と他人を受容し、相互に援助を与える能力も自立の重要な側面であると考えられています。つまり、「障害者、老人、児童などのような、いわば社会的弱者といわれる人たちのなかにも他人の援助を受けいれつつ、当事者の自己決定権を失わない相互の関係能力を問われ、依存から自立へ、さらには相互依存を肯定的にめざすようになってきている」［菊地、一九九三：三二］と言われています。自立を以上のように理解するならば、ウェルビーイングは自立支援として捉えることもできます。自立支援は、児童福祉の分野だけではなく、障害者対策や高齢者対策の基本理念としても掲げられています。

以上のように、わが国の児童家庭福祉においても、ウェルフェアからウェルビーイングへの転換がなされつつありますが、ウェルビーイングが「福祉」と訳されていることからもわかるように、わが国においては、まだウェルビーイングということばは十分定着しているとは言えません。今後、すべての子どもの人権を尊重し、その自立や自己実現を支援していくこと、つまりウェルビーイングを促進していくという視点から、児童家庭福祉施策のあり方を見直していくことが重要になってきていると言えます。

四　家族病理としての児童虐待

◆児童虐待の実態

①　急増した児童虐待件数の背景

図1は、一九九二年度から二〇〇八年度の『社会福祉行政業務報告』〔厚生労働省、二〇〇九〕において報告された、児童相談所が処理した養護相談のうち、虐待相談の処理件数の年次推移を表したものです。二〇〇八年度の処理件数は四万二六六四件で、前年度に比べ五・〇％増加しています。このように、一〇数年間に虐待相談件数は急増していますが、これをみる際に留意すべき点が二つあります〔中谷、二〇〇二：八‐九〕。

第一は、この数字は全国の児童相談所が対応した件数であって、施設措置・里親措置されたのちに虐待を受けていた事実が判明した事例や、他の相談機関で対応したものは含まれていないことです。第二には、児童相談所の相談件数の計上において「虐待」というカテゴリーが新設されたのは、一九九〇年度からであり、一九九〇年前半の相談件数があまり増加していないのは、児童相談所内において「虐待」というカテゴリーが十分浸透していなかったことや、社会的にも虐待についての意識が低かったためだと考えられます。なぜならば、さきにも述べたように、一九八九年に国連総会で採択された「子どもの権利条約」が日本で批准されたのは一九九四年であり、一九九五年は国際家族年、二〇〇〇年は「児童虐待の防止等に関する法律」が国会で審議され、成立・施行

図1　虐待相談の処理件数

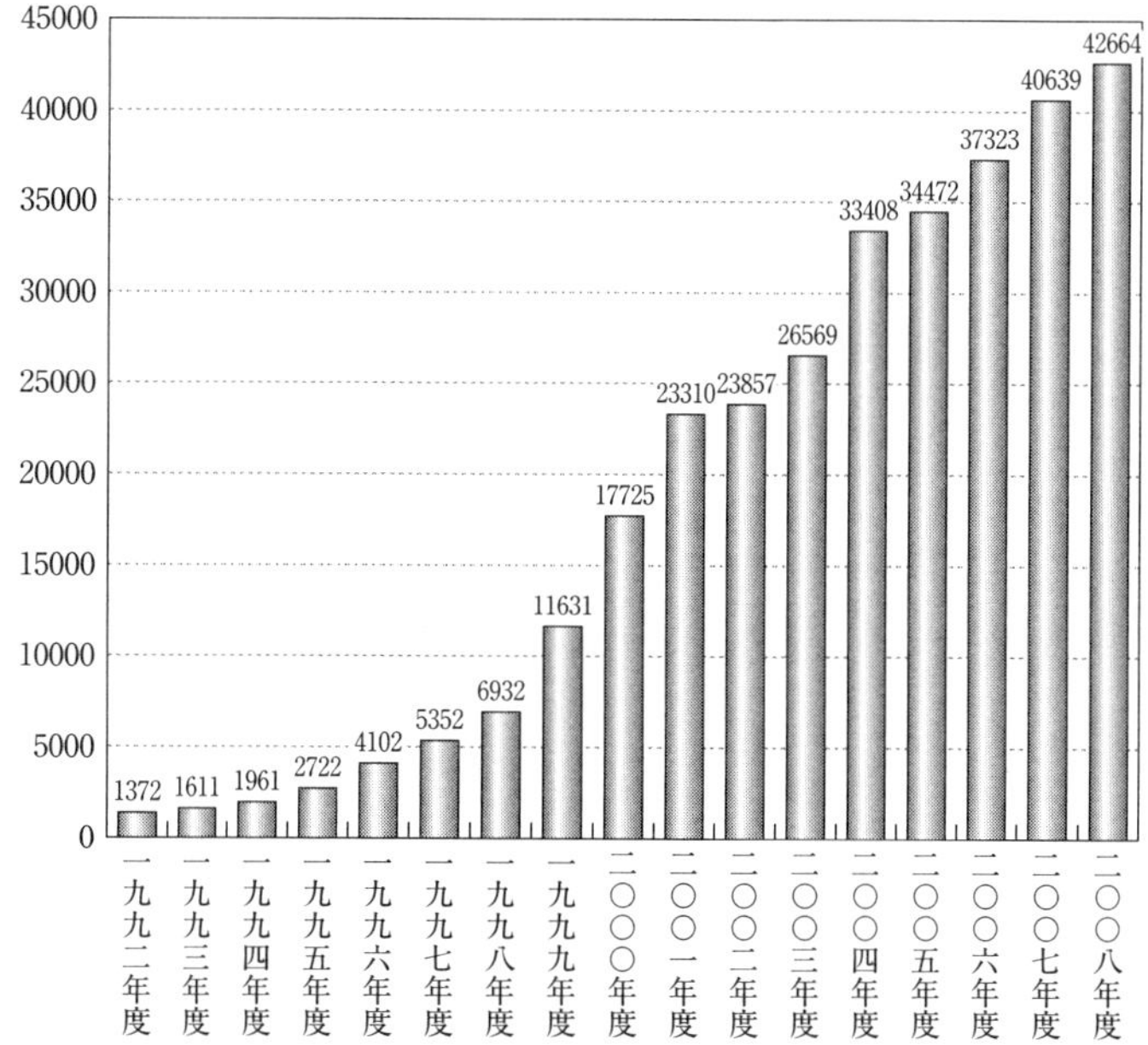

出典：厚生労働省大臣官房統計情報部『社会福祉行政業務報告』より作成。

された年です。一九九五年以降に急増するのは、この頃から行政・マスメディア・研究者・一般市民の各レベルでの関心が高まり、虐待について認識が広まったためではないかと考えられます。

　したがって、このような虐待相談件数の急激な増加は、必ずしも虐待の絶対数が増えたのではなく、児童相談所やその他の子どもに関わる人々の意識が高まった結果、これまで見過ごされてきたものに気づくようになったり、掘り起こされたりして、相談や報告の増加がみられたとも考えられます［中谷、二〇〇二：八‐九］。潜在化していた児童虐待が顕在化し、児童虐待は子どもの人権侵害であるという認識が広まったことを示しているとも言えます。

② 児童虐待の相談種別・被虐待者の年齢・おもな虐待者について

二〇〇八年度の虐待相談件数を相談種別にみると、「身体的虐待」が一万六三四三件（三八・三％）と最も多く、ついで「保護の怠慢・拒否（ネグレクト）」が一万五九〇五件（三七・三％）となっています。かつては、「身体的虐待」が約半数弱を占めていたのですが、「ネグレクト」が増加し、ほぼ同じ割合になっています。「心理的虐待」は、九〇九二件（二一・三％）です。「性的虐待」については、一三二四件（三・一％）と少なくなっていますが、欧米の調査を比較しても少ないので、必ずしも実態を正確に反映しているとは言えません。発見のむずかしさや、性的虐待の定義づけのむずかしさが、このような低い数字として表れていると思われます［同：九－一〇］。

また、被虐待者の年齢別にみると「〇～三歳未満」が七七二八件（一八・一％）、「三歳～学齢前」が一万二一一件（二三・九％）、「小学生」が一万五八一四件（三七・一％）、中学生が六二六一件（一四・七％）、高校生・その他が二六五〇件（六・二％）となっており、就学前の子どもがほぼ半数を占めています。就学前の乳幼児に対する虐待は、虐待死につながる場合もあり、虐待が家庭という密室で起きることを考えると、通所や通学の機会が少ない乳幼児への虐待をいかに早く発見し、対応するかが重要な課題となってきます［同：一〇］。

二〇〇八年の虐待相談件数においては、主たる虐待者は、実母が六二・五％と圧倒的に多くなっていました。虐待者に実母が多い背景には、子育ては母親が担うべきものであるといった子育てに関する性別役割分業という考え方が、わが国にはまだ根強く残っているためだと思われます。その結果、おもに母親だけが子育てを行ない、直接、子どもと過ごすことも多くなっています。父親が子育てに対して無理解・非協力的な場合、また、地域とのつながりもなく孤立している場合、母親の子育てに対する負担感や不安感が、「虐待」として表出されると指摘されています［同：一〇‐一二］。この点については、あとで詳しく検討していきたいと思います。

◆母親の子育て不安と児童虐待

①　児童虐待の発生要因

母親の子育て不安と児童虐待との関連性について考える前に、児童虐待がなぜ起こるのかということについて整理しておきます。

児童虐待は、多くの要因が複雑に関係することによって発生すると言われています。庄司順一は、発達生態学的モデルに基づいて、児童虐待の発生要因を図2のように示し、虐待のリスク要因として次のようなものをあげています［庄司、二〇〇二：六‐七］。

図2　虐待の発生要因

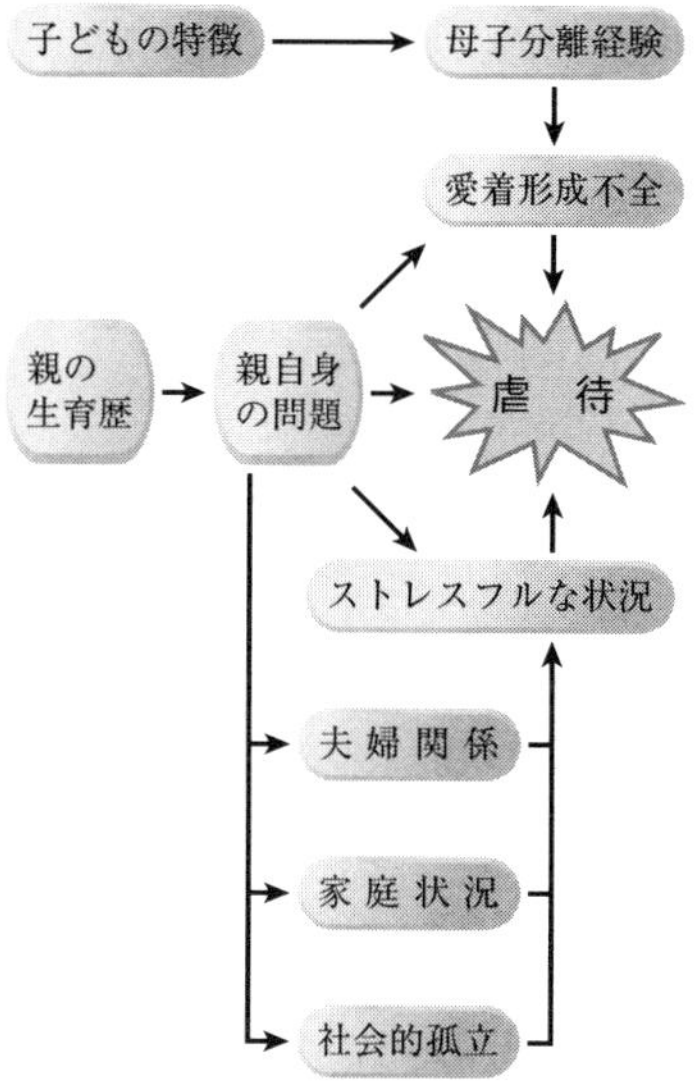

注：発生生態学的モデルに基づき，庄司［1992］が作成。
出典：庄司順一（2002）「発生要因」高橋重宏・庄司順一編著『福祉キーワードシリーズ　子ども虐待』中央法規，6頁。

(a)　親の心の問題　親自身の被虐待的経験が関係しています。虐待を受けて育つことによって、他者への不信、低い自己評価、満たされなかった愛情関係を子どもに求める役割逆転が起こり、困難な事態では（自分がされてきた）暴力によって解決をはかる傾向が習慣となっています。

(b)　家庭の社会経済的要因　経済

くなります。

的困難、失業、夫婦不和、家族成員に病人がいるなどの状況は、家庭内でのストレスを高め、暴力が発生しやすくなります。

(c) 周囲からの孤立　虐待の発見を遅らせるとともに、必要な社会的支援を得ることがむずかしくなります。

(d) 子どもの側の要因　よく泣き、なだめにくい、非常に頑固、過敏など、育てにくい気質や行動特徴をもつ子ども、また、慢性疾患があったり、低出生体重児、双生児などの場合、親の、子どもに対するアタッチメント（愛着）形成を困難にしたり、育児への負担感を生じやすくなります。

(e) 親とその子との関係　身体的虐待や心理的虐待では、しばしば特定の子どもが対象となる場合があります。虐待の対象となる子どもは、望まない妊娠で生まれたり、低体重児で出生後しばらく母子分離の経験をしたり、憎しみを抱いている自分の兄弟と同じ出生順位や性であったりします。こうしたことが、アタッチメントの形成不全をもたらし、子どもへの拒否感、嫌悪感につながると考えられています。

(f) 親の怒りを引き出す「その時の状況」　虐待発生の直接のきっかけとして、おもらしをする、ぐずる、泣きやまないなどがあります。

② 子育て不安と児童虐待の関連性

児童虐待の背景の一つとして、子育て不安や養育上のストレスが高まっていることがあげられます。野口と石井は、乳幼児をもつ母親が子どもに対して衝動的感情をもつ状況と、その時の母親の反応について調査を行ないました［野口・石井，二〇〇〇：一〇二‐一〇九］。その結果、育児上の心配がある母親は衝動的感情が高いこと、親から体罰をよく受けた母親は、子どもに対して衝動的感情をもったとき、思わず叩くことが多くなることを指摘しています。また、両角・角間・草野は、虐待により子どもを死亡させた事例に対する母親の意識を調査した結果、子育てに不安のある母親は、この事例に共感するものが多くいることを明らかにしています［両角ほか、二〇〇〇：八七‐九八］。

しかし，子育て不安と児童虐待との関連性を実証している研究は必ずしも多くありません。そこで、筆者は、母親の子育て不安と、母親が自分の子どもを虐待してしまう虐待傾向との関連性を明らかにするために、〇～一五歳の子どもをもつ七二九人の母親を対象とするアンケート調査を実施しました［八重樫、二〇〇三：一一‐二三］。また、母親が自分の子どもを虐待してしまう虐待傾向と、母親が子どものときに親から受けた虐待的経験の関連性（いわゆる世代間伝達）についても、調査を行ないました。その結果、次のようなことが明らかになりました。

(a)　年齢が低く、常勤で高学歴の母親のほうが、子どもへの虐待傾向が低い　年齢の高い母親に比べ、年齢の低い母親は、身体的虐待傾向や心理的虐待傾向が低いことが明らかになりました。母親の就労形態については、常勤の母親は身体的虐待傾向や心理的虐待傾向が、専業主婦や非常勤の母親に比べて低くなっていました。また、学歴が高くなるほど身体的虐待傾向や心理的虐待傾向が低くなっていました。

(b)　夫の精神的支えの少ない母親は、子どもへの虐待傾向が高い　夫の精神的支えの少ない母親は、身体的虐待傾向、ネグレクト的虐待傾向、心理的虐待傾向のいずれについても、子どもに対する虐待傾向が高くなっていました。ネグレクト的傾向の高い母親は近所づきあいや友人づきあいが少なく、身体的虐待傾向の高い母親は近所づきあいが少ないことが明らかになりました。とくに、心理的虐待傾向の高い母親は夫の子育て支援があまりないことがわかりました。

(c)　被虐待的経験の多い母親ほど、子どもへの虐待傾向が高い　養育者は自分が育てられたように子どもを

図3　子育て不安と身体的虐待傾向

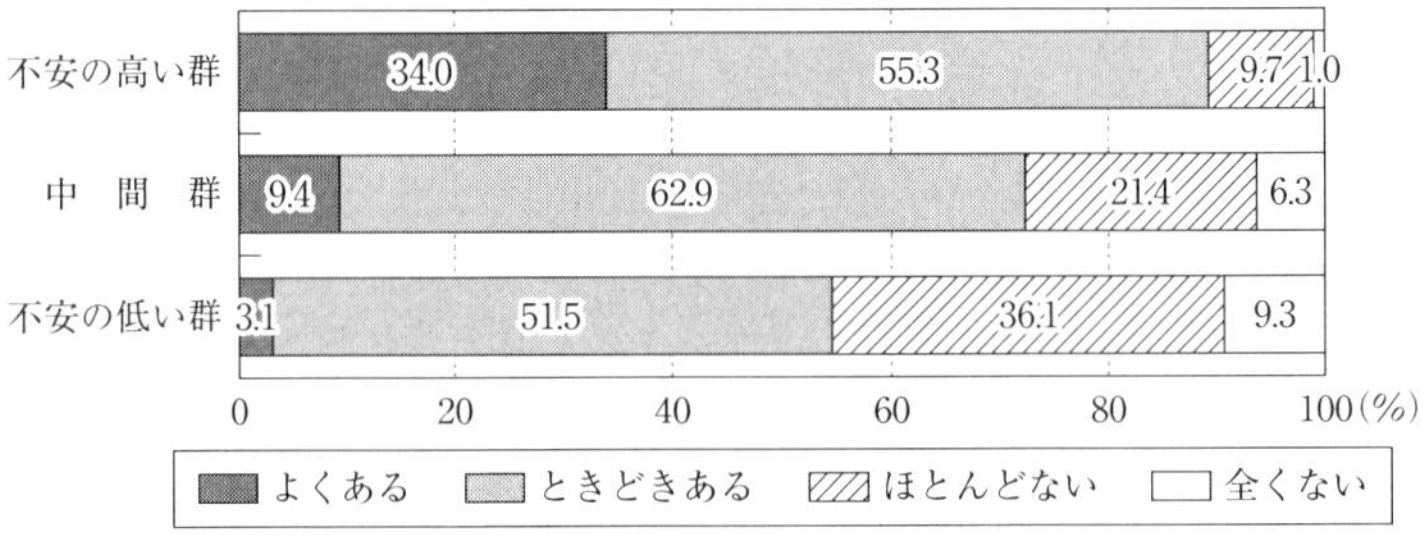

注：p＜0.000
出典：八重樫牧子［2003］「母親の虐待的傾向および虐待的経験との関連性からみた母親の子育て不安」『子ども家庭福祉学』第3号，17頁。

育てると言われ、このようなかたちで、前の世代から次の世代に受け継がれていくことを「世代間伝達」（intergeneration transmission）と言います。また、虐待をする親は、自分自身も幼年期に被虐待児であることが多く、虐待は世代間伝達されると言われています［深津、一九九八：三三五－三三八］。この調査結果においても、虐待そのものではありませんが、子どもに対する不適切な関わり（マルトリートメント）をしている母親の子どもに対する虐待傾向は、母親が子どものときに経験したマルトリートメントと非常に関連があることが実証されました。とくに、体罰など、身体的虐待経験の多い母親は、身体的虐待経験の少ない母親に比べ、体罰を受けた時屈辱感を強く感じていたことから、子どものときの身体的虐待経験が母親の心理面に何らかの悪影響を与えていたことが推察されました。

(d)　子育て不安の高い母親ほど、子どもへの虐待傾向が高い　母親が子育てに不安やストレスを感じながら子どもに接することは、子どもの心身の発達に好ましくなく、また、母親が児童虐待に至るという事態も起こりうると言われています。母親の子育て不安の程度（高い群、中間群、低い群）と子どもへの虐待傾向の関連性を調べた結果、身体的虐待傾向，ネグレクト的虐待傾向および心理的虐待傾向のいずれも子育て不安の高い群ほど虐待傾向が高く、子育て不安の低い群ほど虐待傾向が低いことが明白になりました。図3は母親の身体的虐待傾向と子育て不安の関係を表したものです。

五　子どもの権利保障の視点にたった児童虐待の対応

以上のように、子育て不安の高い母親ほど子どもを虐待する可能性の高いことが明らかになりました。多くの母親が子育て不安やストレスを感じながら子育てをしており、働いている母親より、むしろ専業主婦のほうが子育て不安が高くなっています。したがって、家族病理としての児童虐待が増加していることが確認できました。このような状況のなかで、子育て家庭に対する子育て支援が児童家庭福祉の重要な課題になっています。

また、「子どもの権利条約」をふまえて、今後は、子どものウェルビーイングを促進し、子どもの自己実現を保障していくことも、児童家庭福祉の重要な課題になってきています。児童虐待などの人権侵害が行なわれている場合は、公権が親権に介入することができることも確認できました。さらに、「子どもの最善の利益」を保障するためには、子どもは未熟であるがゆえに大人から保護される受動的権利を保障されなければなりませんが、同時に、子どもを権利行使の主体として位置づけた能動的権利も保障されなければならないことがわかりました。とくに、「意見を表明する権利」を保障する手続き、すなわち、子どもの年齢に配慮しながら子どもがみずからの意見を表明することを尊重し、子ども自身に関わる事柄を決定する場に子どもが参加できる機会を保障していくための手続きを整備することが必要になってきています。

そこで、最後に、子どもが児童虐待などの権利侵害を受けたとき、子ども自身が「意見を表明する権利」などの、みずからの権利を主体的に行使できるようにするためには、どのような配慮が必要なのかということを考えておきたいと思います。

◆権利とは何か

これまで何度も権利ということばを使ってきましたが、「権利」とは何かと聞かれたらどのように答えればよいのでしょうか。『広辞苑』には、権利とは「物事を自由におこなったり、他人に対して当然主張し要求することのできる正義」と書いてあります。このような定義は理解しにくいので、森田ゆりは、権利を、人が生きるのに最低限度必要な衣・食・住に代表される基本的人権と、その他の権利（自動車を運転する権利、選挙に参加する権利など、誰でももっているとは限らない権利）に大別し、とくに、基本的人権について「人が人間らしく生きるために欠かせないもの」とわかりやすく定義しています〔森田、一九九八：二六 - 二七〕。つまり、基本的人権とは、「それがなければ生きられないもの」であり、衣・食・住の基本的人権とならんで、人間が尊厳をもって生きるためになくてはならない「安心して」「自信を持って」「自由に」生きるという大切な基本的人権があると述べています。暴力行為を受けた被害者に共通する心理を例にあげて、これらの基本的人権が侵害されると、人は人間らしく生きる力を失ってしまうと説明しています。

被害者は、暴力を受けることによって「恐怖と不安」を抱き、「無気力」に陥り、「行動の選択肢が何もない」と思い込むようになります。「恐怖と不安」は「安心」でない状態であり、「無気力」とは「自信」がない状態であり、そして「選択肢がない」とは「自由」がないことです〔同：二七 - 二八〕。虐待という暴力によって、虐待を受けた子どもはこのような心理に追い込まれ、人間としての尊厳の侵害を感じ、人間らしく生きる力を失って

図4　外的抑圧と内的抑圧

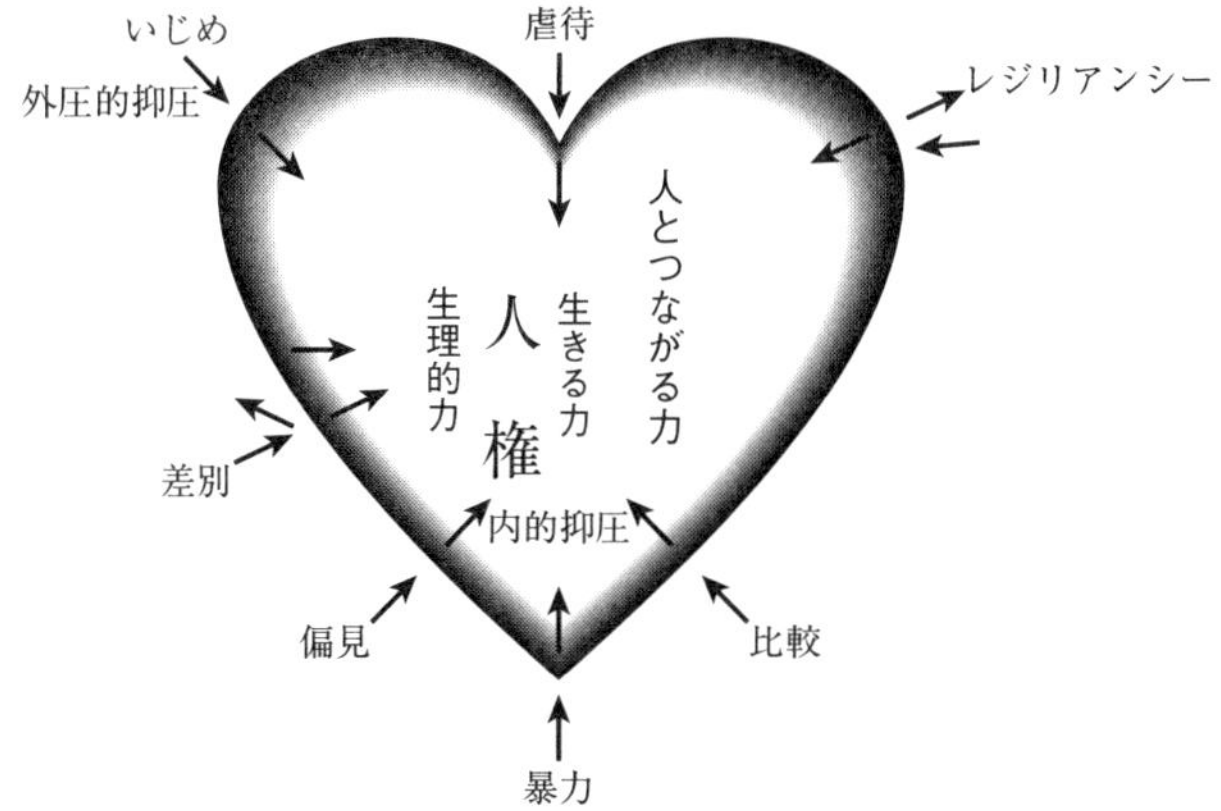

出典：森田ゆり［2004］『新・子ども虐待　生きる力が侵されるとき』岩波書店，23頁。

しまうのです。人権とは、「人の生きる力」であり、「『わたし』が『わたし』であることを大切に思う心の力」であり、「私のいのちを尊重し、他者のいのちを尊重する力」であると言うこともできます［森田、二〇〇四：二五］。

◆児童虐待とエンパワーメント

このように、人権が生きる力であるとするならば、虐待などによって生きる力が弱められたときに、その力をいかに回復するか、その方法を考えることがとても重要になってきます。エンパワーメントという、人間と社会に対する分析と価値観に基づいた方法が有効になってきます。森田は、**図4**のようにエンパワーメントの方法を図に表しています［同：二五］。

エンパワーメントは人権と不可分に結びついた考え方であり、人は生まれながらに様々の素晴らしい力（パワー）をもっているという人間観から出発します。このような、本来もっている力には、生理的力、人とつながる力、人権という自分を尊重する力、自分を信頼する力などがあります。また、その力のなかには自分を癒す力、降りかかってきた問題を解決していく力、そして個性という力もあります。

このような、自分が本来もっている力は、外からの力（外的抑圧）によって傷つけられます。外的抑圧は、比較、いじめ、体罰、虐待と様々なかたちをとりながらも、共通する一つのメッセージを送り続けます。それは「あなたはたいした人間ではないんだよ」というメッセージであり、人は、しばしばそのメッセージを信じ、みずからを抑圧してしまします。森田はこれを「内的抑圧」と呼んでいます［同：二六］。エンパワーメントとは、このような外的抑圧をなくし、内的抑圧を減らしていくことによって、本来もっている力を取り戻すことなのです。

外的抑圧のない環境はありえませんが、一方では、人はこの外的抑圧をはね返してしまう力ももっています。これを森田はレジリアンシー（resilience：弾力性）と呼んでいます［同：二八］。虐待などによって生きる力が弱められ、自分の力に気づくことができなくなってしまったとき、相手が自分のかけがえのなさに気づくように働きかけ、内的抑圧の方向を逆にするように力を貸すことで、レジリアンシーを活性化することができます。

レジリアンシーという視点から子どもの問題解決力を育てるために、森田は次のような、子どものエンパワーメントの具体的方法を提示しています［同：二八－三〇］。

(a)　気持ちを表現する　　感情はことばにすることで、自分にも、相手にもはっきりし、そこにコミュニケーションが生まれます。いったい誰に対して、何が理由で「ムカついて」いるのか、さらに自分は相手に何を求め、何をしたいのかそれをことばにすることでみえてきます。

(b)　人の力を借りる　　自立とは、一人で立つことではありません。自立の根底には、自分を信じ、自分を受け入れてくれる人々の支えがあり、それがあってはじめて人は立つことができます。人は自分に自信があるから

図5　公的保護下の児童の固有のニーズ

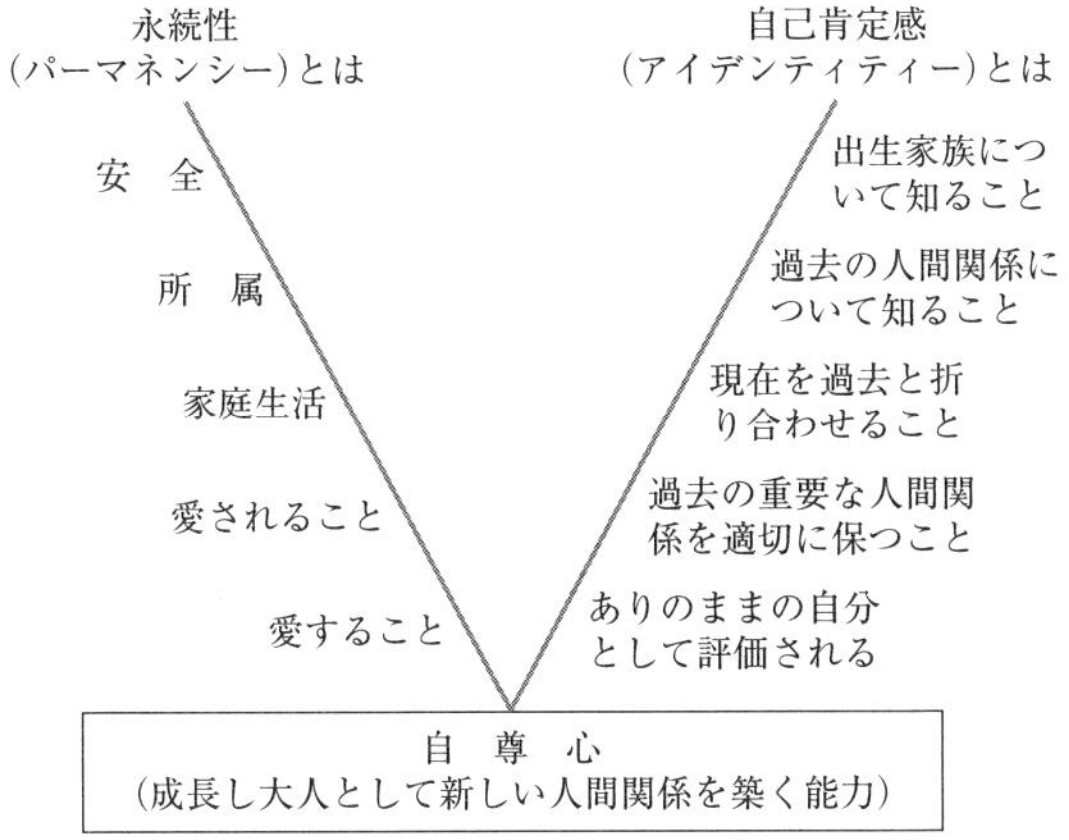

出典：June Thoburn［1998］『児童福祉のパーマネンシー――ケースマネージメントの理念と実践』（平田美智子・鈴木真理子訳），筒井書房，47頁。

人に力を借りることができるのです。

(c)　行動の選択肢　外的な資源を活用し（人の力を借りる）、内的な資源を掘り起こす（自分への自信を取り戻す）ために、援助者は、子どもの気持ちを聴き、受け止め、子どもと一緒に行動の選択肢を探します。

◆「永続性の感覚」と「アイデンティティー」

親から虐待を受けた子どもは、子どもの最善の利益のために親から分離され、児童養護施設などで生活する場合もあります。このような場合、すべての子どもの基本的な、身体的・心理的ニーズを充足するだけではなく、「永続性（パーマネンシー）の感覚」と「自己へのアイデンティティー（自己肯定感）」を獲得できるようにすることが、施設で生活している子どもたちに関わるソーシャルワーカーにとって重要な課題になってきます［ソボン、一九九八：四五-四七］。なぜなら、これらの二つは、子どもが将来安定した人間関係を築くのに必須の自尊心を培うために、バランスよく保持されなければならないからです。図5は、このような、公的な保護のもとで保障されなければならない、子どもの固有のニーズを表したものです。施設で育った子どもが親になった場合、将来のパートナーや子どもとの関係が崩れやすいことがわかっています。この二つのニーズを満たすことができない場合は、とくに、彼らの子どもとの関係が悪くなることが予測されます。ですから、「永続性の感覚」を育むことがとても重要なのです。また、アイデンティティーの感覚は、親や家族、その他、愛情をかけてくれる人々との継続的交流によって養われるのです。

人権とは、「人の生きる力」であり、「『わたし』が『わたし』であることを大切に思う心の力」であり、「私のいのちを尊重し、他者のいのちを尊重する力」だとするならば、自尊心を培うことは、人権意識を培うことでもあります。子どもの権利擁護活動が最も進んでいる国の一つであるカナダのオンタリオ州では、「子ども家庭サービス法」により、権利擁護サービスのシステムが構築され、『子どもの権利・責任ハンドブック』が作成されています〔高橋、二〇〇二b：一八二〕。わが国においても、これらを参考に、一九九五年、大阪府が日本の自治体でははじめて『子どもの権利ノート』を作成し、児童養護施設等で生活する子どもたちに配布されました。以後、神奈川県、東京都、埼玉県、島根県など多くの都道府県で作成され、配布されています〔同：一八二〕。

六　おわりに――人間福祉の視点にたった児童家庭福祉のあり方

「社会科学としての社会福祉」は、主として幸福の外的条件を整備する制度・政策を重視してきました。それに対して、幸福の内的条件を検討する「人間福祉」（狭義）は、人間行動科学や人文科学などが解明してきた、人間の内的な側面に焦点をあて、人間の発達・人格を重視してきました〔秋山、二〇〇四：五－一五〕。しかし、こんにち、従来の「社会福祉」と「人間福祉」（狭義）を統合した新しい「人間福祉」（広義）の確立が求められています。新しい「人間福祉」（広義）の目的は、個人の社会生活の幸福を増進し、その実存とウェルビーイングを達成することです［同：一三-一五］。「人間福祉」（広義）は、個人の生活と権利を尊重し保障するという目的を達成するために、人間の「幸福」の外的条件・内的条件を整備・拡充することであると言えます。人間福祉をこのように捉えるならば、これまで述べてきた子どもの視点にたち、子どものウェルビーイングを目指す児童家庭福祉は、新しい「人間福祉」（広義）として位置づけられると言えるでしょう。

虐待という暴力を受けた子どもは、安心と自信と自由が奪われ、人間としての尊厳の侵害を感じ、自尊心を喪失し、人間らしく生きる力を失ってしまいます。また、虐待をする親も、子どものときに受けた虐待の経験や子育て不安やストレスによって、人間らしく生きる力（私のいのちを尊重し、他者のいのちを尊重する力）が弱まっています。虐待を受けている子どもとその親を援助する場合、援助者は子どもやその親の本来もっている生きる力を信頼し、子どもやその親の気持ちを聴き、受け止め、子どもやその親と一緒に、現在直面している問題状況を解決するための行動の選択肢を探し、問題を解決することは可能だという自信を育てていくことが大切です。

また、ソブン（June Thoburn）は、虐待によって心に傷を負った子どもに接する援助者は、子どもが心の傷を表現するために引き起こすトラブルに取り組むことが必要であり、このようなトラブルに取り組むなかで失敗する出来事に対して、援助者自身が、ばかばかしいとか、愚かであるとかといった感情をもってはいけないことを強調しています［ソブン、一九九八：四六］。人間福祉の実践には、人の痛みを感じ、共感し、ただ目の前にいる人を愛し、働きかけることが必要であると言われています［秋山、二〇〇四：一七-三九］。ときには、なすすべがなく、その場から逃げないで、ただ見守り続けるという立ち尽くす勇気も必要になってきます。人間福祉としての児童家庭福祉を実践する援助者が、子どもや親を取り巻く環境を正しく認識し、子どもの権利を保障し、子育て支援を進めていくためには、ときには、このような勇気も必要になってくるでしょう。

第6章

自立生活を実現する人間相互の支え合い

◉自助、公助そして共助

一　はじめに

人間の一生を考えたとき、どの時期にも共通することとして、生まれてから死ぬまで様々な人に出会い、お互いに影響を受け、人間関係のなかで生きていくということがあります。一般に、人は両親の喜びをもって生を受け、家族のなかで育ち、保育園や幼稚園、学校で教育を受け、やがて就労し、新たな家庭を築き、老いて人生の終焉を迎えます。その、どの場面においても、人は人と関わって生きています。また一方、人間の一生のうちには、ときとして生きていくうえでの生活の危機に遭遇することがあります。生まれた乳児を親が育てられない、身体に障害があり介助が必要である、会社が倒産し仕事を失ってしまった、精神的な疾患で人間関係をうまく築けない、老いて日常生活に介護が必要となったなどの生活の危機です。これらは決して他人事ではなく、誰でもがそのような生活の危機に見舞われやすいと考えるべきでしょう。そこで、このような人生に訪れる生活の危機に対し、人間相互が互いに関与し合い、支え合い、危機を乗り越えていく必要が生じてきます。それが福祉の活動であり、ときに個人的に、ときに集団で、あるいは公的な制度に基づいて機能していきます。

戦後、いく度かの見直しを経て、一九九〇年代には、進行する少子高齢化と経済の低成長に対応した本格的な福祉改革が行なわれました。一九九八年に中央社会福祉審議会社会福祉構造改革分科会は、「社会福祉基礎構造改革について（中間まとめ）」において、社会福祉の基礎構造を抜本的に改革することとし、改革の方向を①サービスの利用者と提供者の対等な関係の確立、②個人の多様な需要への地域での総合的な支援、③幅広い需要に応える多様な主体の参入促進、④信頼と納得が得られるサービスの質と効率性の向上、⑤情報公開等による事業運営の透明性の確保、⑥増大する費用の公平かつ公正な負担、⑦住民の積極的な参加による福祉の文化の創造、として発表しました。また、社会福祉の理念を、「国民が自らの生活を自らの責任で営むことが基本であり、自らの努力だけでは自立した生活を維持できない場合に社会連帯の考え方に立った支援を行い、個人が人としての尊厳をもって、家庭や地域のなかで、その人らしい自立した生活が送れるよう支えること」としています。

社会福祉の理念が、「社会連帯の考え方に立った支援」で「その人らしい自立した生活」を実現させていくことにあるとすれば、わたしたちはそのことにどのように関与していけばいいのでしょうか。本章では、「社会連帯の考え方に立った支援」と「その人らしい自立した生活」をキーワードとしながら、わたしたちが福祉を身近に感じ、みずから行動を起こしていくための道を探っていきます。

二　文学作品にみる高齢者福祉の歴史

今や日本は、二〇〇八年一〇月現在、人口一億二七六九万人のうち、六五歳以上の高齢者は二八二二万人となり、総人口に占める割合（高齢化率）は二二・一％と五人に一人が高齢者という本格的な高齢社会となっています［内閣府、二〇〇九：二］。また、平均寿命も、男性七九・二九歳、女性八六・〇五歳で［厚生労働省、二〇〇九］、男性世界四位、女性世界一位と、世界で冠たる長寿国となっています。しかし、これはずっと昔からそうだったわけではなく、第二次世界大戦後の経済成長と、その後の安定経済を背景に、豊かな食生活や医療の進歩の享受、社会福祉制度の充実などにより、ここ数十年の間に実現したことです。ここでは、人が生きていくうえで、いく度か遭遇する生活の危機のなかで、最後に訪れる高齢期がどのように支えられてきたのかについて、いくつかの文学作品からみていきます。ただし、文学的な評価ではなく、作品の時代背景と、高齢者のおかれた位置に注目していきます。

◆『楢山節考』にみる老人遺棄

かつて日本には、老いたら遺棄される、という姨捨《おばすて》（または、うばすて）伝説がありました。平安時代に書かれた『大和物語』にも姨捨の話があります。

信濃の国の更級《さらしな》というところに男が住んでいました。若いときに親が早く死んだので、祖母が親のようにしていました。男の妻は、情けない性格で、祖母の悪口を言い、男に祖母を山に捨てるよう頼みます。男は妻に言われるまま、祖母をおぶって山に置いて逃げ帰ってしまうが、思い直して、また連れ帰るというものです。『大和物語』では、その山の名をのちに、姨捨山と呼んだとあります〔今井、二〇〇〇：二六二―二六三〕。

この姨捨山の伝説をもとに、書かれた小説が深沢七郎の『楢山節考』（一九五六年作）です。信州の山あいにある二二戸ばかりの小さな村では、七〇歳になると「楢山まいり」に行くことになっていました。楢山へは子どもに供をされて出かけるのですが、その山から帰ってくるのは子ども一人であり、老人はそのまま山へ置いておかれます。主人公の「おりん」は、夫を二〇年前に亡くし、六九歳となり、来年の楢山まいりの準備に励んでいました。山へ行くときの振舞酒や、山で座る筵《むしろ》、さきの妻に死に別れた息子の辰平の後妻の手配を終わらせています。さらに、いつまでも丈夫な歯が「食うことに退けをとらないようであり…中略…食料の乏しいこの村では恥ずかしいことであった」〔深沢、一九七四：二二二〕ため、前歯を火打石で叩いて壊そうとしていました。この小説には、食べることが精一杯の村で、近所の芋を盗み、袋叩きにあう人間や、子どもが生まれたらとたんに遺棄しようとする若い親などの様子も描かれており、楢山まいりの背景が、飢えに怯《おび》えながら生きる村人の生活にあることがわかります。

「おりん」の家でも八人の家族の食料が不足していました。「おりん」はその年の暮れに正月を待たずに楢山まいりに行くことにし、息子の辰平に告げ、村の者に振舞酒をします。次の夜、辰平の背板におぶわれた「おりん」は、かつて同じようにまいった人の骨が転がる楢山に入っていきました。「おりん」を山に置いた辰平は大粒の涙を流し帰っていきます。「おりん」は、最後まで取り乱さずに自分の運命を受けいれたのです。

辰平は山から帰る道中にもう一つの楢山まいりを目撃します。それは、同じ村の「又やん」親子でした。「又やん」は一度山から逃げ出したため、今度は雁字搦《がんじがら》めに縛られて息子の背板におぶわれてくるのですが、息子は山の上まで登らず、「又やん」を途中の谷に突き落としてしまうのです。むしろ、この「又やん」と息子の行為のほうが老人遺棄の残酷さを表しているように思えます。

このようなことが本当にあったのでしょうか。伝説としては残っているものの、事実としてあったのかははっきりしません。また、かりにこのような姨捨があったとして、「おりん」のように遺棄という死に方を受けいれられるものでしょうか。いずれにせよ、福祉ということばさえない時代に、今日の食料にも事欠く生活の状況のなかで、労働力のない乳児や高齢者の生活を守ることがどんなに困難であったかが想像できると思います。一つの共同体のなかで人々が身を寄せ合って生きていた時代は、共同体でルールをつくり、できる限り支え合って生活するのですが、限界があったことは言うまでもありません。

◆『恍惚の人』にみる老人の世話

有吉佐和子が書いた『恍惚の人』（一九七二年作）は、当時の高度経済成長を背景に、高齢者の寿命がのびると同時に、表面化してきつつある認知症の問題を社会に突きつけました。共働きで、法律事務所に勤める昭子は、夫の信利、高校生の息子の敏、離れに住む舅《しゅうと》の茂造、姑と暮らしていました。ある時、姑が突然死亡し、そのあたりから茂造のおかしな行動と向き合うことになります。八四歳の茂造は、妻の亡くなったことも理解できず、葬式にかけつけた娘も誰だかわからないほどになっていたのですが、それまでは、姑が茂造の世話をしていたので、昭子は舅の変化を知らなかったのでした。近所の医院で受診しても、身体の異常は見つからず、着替えることもできず、さっき食べたことも忘れて腹が減ったという舅をどう世話したらよいのかと戸惑いながらも必死で世話し、やがてその死を看取るまでの様子が描かれています。

まずはじめは、自分が仕事に出ている日中に、近所の主婦から教えてもらった敬老会館に茂造を連れて行きます。しかし、民謡を唄ったり踊ったりしている元気な高齢者のなかでじっとしているだけの茂造は、どうやら周囲からも相手にされないで過ごしているのです。茂造の状態はどんどん深刻となり、排泄も失敗するようになり、オシメをつけるようになります。また、家族の知らないうちに家を出て、帰れなくなり、警察の助けをかりるような事態も起こってきます。近所の医者ではなく、別の医者に相談したところ、茂造のこの行為は「老人性痴呆」によるものだと指摘されます。

夜も昼も世話のいるような状態の茂造の世話は、仕事をもつ昭子を苦しめました。夫は積極的に関わろうとしません。ようやく福祉事務所の職員に相談するすべを知るのですが、家にやってきた福祉事務所の主事は茂造を見て、老人ホームに入るような状態ではないと言い、「お年寄りの身になって考えれば、家庭のなかで若いひとと暮す晩年が一番幸福ですからね。…（中略）…老人を抱えたら誰かが犠牲になることは、どうも仕方がないですね」［有吉、一九七二：二五］と諭すのです。さらに昭子は、老人ホームは建設されているが、入所を待つ老人が多く、どこのホームも満員であることを知らされます。部屋の隅で体を丸めている茂造を見て、昭子は「長い人生を営々と歩んで来て、その果《は》たてに老耄《ろうもう》が待ち受けているとしたら、では人間はまったく何のために生きたことになるのだろう」［同：二二九］と思うのです。

元気なうちは嫁の昭子に辛《つら》くあたり、自分の体ばかりを心配して高い薬を飲んでいた茂造ですが、認知症を患ってからは昭子を頼りにし、依存した晩年を送りました。昭子も苦しみながらも茂造を愛おしみ、介護しました。自分のプライドも、人への憎しみをも忘れた茂造は恍惚の人となり、いつものように徘徊をして警察に保護された日の翌日に亡くなります。

この小説が書かれた一九七二年は第二次世界大戦後の高度経済成長が猛然と進んでいた時期であり、人々の暮らしが物質的に豊かになり、また福祉施策も拡大していた時期です。高齢者の増加や私的扶養の減退などから、一九六三年に「老人福祉法」が制定されて以来、高齢者向けの福祉施設も整備されていきした。文中には、六五歳以上の定期健診の費用が無料化されていることや、一〇年以上前から杉並の区役所管内に六〇もの敬老会館が設置されていることなどが描かれています（ただし、翌一九七三年に政府は福祉元年を宣言するもの、オイルショックにより景気が急速に減退し、以後、福祉施策も再編されます）。

しかし、高齢化の進展にともなって生じる認知症の人への対応や、それを介護する家族への支援はまだ進んでいませんでした。家族のなかで誰かが常時世話が必要な状態となったとき、妻や嫁がその役割を全面的に担ったのです。それでも敬老会館という高齢者が日中を過ごす公的な機関があったことが昭子にとって救いであり、それがなければ仕事を続けることはできなかったでしょう。この小説が書かれて以後、社会では認知症や在宅福祉への関心が高まり、高齢者施策のなかにホームヘルプサービスやデイサービス、ショートステイといった要介護者と家族に対するサービスが取り入れられていくことになります。

◆『介護入門』にみる老人介護

次に、現在の老人介護を描いた作品を紹介します。モブ・ノリオの書いた『介護入門』（二〇〇四年作）は、無職の自称「個人的な音楽家《プライベート・ミュージシャン》」であり、「面倒臭そうという理由から、それを女の仕事、母の仕事と見なし、俺はその義務から免除されてもいいはずだと考え、毎晩大麻吸引に耽《ふけ》っていた俺」［モブ・ノリオ、二〇〇四：一三］が、祖母の介護について独白する小説です。

彼は、昼間は勤めに出ている母とともに、八〇歳を超えた認知症で寝たきりの祖母を介護しています。昼間、祖母の介護にやって来ては、祖母のベッドの横でテレビをつけてワイドショーに見入っていたり、食器洗いをして何枚もの皿を割ってしまったりするヘルパーに対して、祖母のものとは違う手がこの家に入っていると感じます。介護保険制度を機に介護業界へ雪崩れ込んできた異業種の就労者は、介護に対しておざなりな空気を持ち込んだと勘づくのです。しかし、なかにはプロ意識をもつヘルパーもいて、その数人のヘルパーだけが彼に「優秀な同僚と労働を分け合うときの心強さ」［同：四二 - 四三］を味あわせてくれるのです。彼は書きます。

派遣介護士の質は、人間の質である。…（中略）…低劣な介護士は、介護の手助けになるどころか、さらなる厄介の種で自宅介護者を苦しめる。［同：四三 - 四四］

しかし、彼が最も憎悪するのはヘルパーではなく、実の母が寝たきりになっても、一度もオシメさえ換えたことのない親戚です。

誠意ある介護の妨げとなる肉親には、如何なる厚意も期待すべからず。…（中略）…被介護者とともに生き、ともに死ぬ覚悟なき義務感など、被介護者を必ずや不快にさせると思え。［同：三三 - 三四］

叔母は祖母のもとへ頻繁にやって来るのですが、介護に手を出さず、口先だけの甘ったるい声で孫にでも呼びかけるような姿は、まるで血のつながっていない赤の他人だと感じるのです。そして彼は、実の娘というような血縁が優位ではなく、記憶（このことばについて、筆者は時間を共有した人間どうしの絆だと理解しました）が優位なのだと言います。

寧《むし》ろ血は、遠きにありし者を錯覚せしむる。月に居ながらにして、娑婆《しゃば》の母の傍らに己が身を置く錯誤はいとも容易い。月には月の、娑婆には娑婆の務めがある。ならば娑婆に降りたる時こそ、今しかない娑婆の務めに精を出せ。

〔同：五七〕

『介護入門』では、世間からみれば、定職もなく、髪を金色に染め、大麻を吸うアウトローの存在である若者が、寝たきりの祖母の存在を自分にとってかけがえのない存在として愛し、母親と介護を分け合っています。しかし、日中はヘルパーが毎日やって来て介護を担うことで生活が成り立っているのです。ここでは、福祉制度が整備されたことで、寝たきりの高齢者と家族の生活が成り立つことを示しています。ただ、この介護関係のなかで、親戚や近所の人がこの家族を支援するような場面が見受けられません。むしろ、口先だけで介護の傍観者となっている親戚やプロ意識のないヘルパーへの怒りが吐露されています。

◆失われた共同体の機能

『楢山節考』の時代、生きることが精一杯の暮らしのなかで、人々は地域の共同体のなかで支え合っていました。しかし、災害や飢饉が生活を襲うと、労働力をもたない子どもや高齢者、病人は、家族や地域の共同体では支えきれずに真っ先にその犠牲になってしまいました。「おりん」は子や孫に迷惑をかけないように、みずからを山の中に捨てたのです。

平均寿命が五〇歳になったのは昭和の時代になってからだとも言われています。第二次世界大戦後、人々の生活は豊かになりました。飢えや感染症の恐怖から解放され、個人は共同体から飛び出て、自分の幸福を追求するようになりました。長寿を実現する一方で、認知症、寝たきりという介護問題が個人に突きつけられます。この問題をみずからの身に発症させたのが『恍惚の人』の茂造であり、それに対し、必死に闘ったのが昭子でした。その後、国はこれらの問題に対応すべく、介護施設や在宅介護のサービスを整備しました。『介護入門』にはすでに、寝たきりの要介護高齢者に対し、毎日のようにヘルパーが派遣される様子が当然のごとく描かれています。一見、福祉サービスは進化して万全になったようにも思えます。しかし、個人と公的なサービスだけで生活の危機を克服できるでしょうか。

公的サービスには、財源的な限界があります。また、職業的なサービスでは満たされない心情的な支援というものがあります。そこで今、失われた共同体のもっていた機能、すなわち人々の支え合いが求められるようになってきました。

三　社会連帯の考え方にたった支援――「自助」「共助」「公助」の視点から

ここでは、福祉の相互関係ということに関して考えてみます。福祉サービスに関して、わたしたちは受け手としての立場と担い手としての立場をもっています。受け手という立場は、たとえば、病気になって仕事ができなくなり収入が途絶えてしまうとか、身体や精神に障害をもち、社会参加が困難になるとか、あるいは、高齢になって身のまわりのことが自分でできなくなり介護が必要になるという場合に、何らかの支援を受けるという立場です。『恍惚の人』の茂造であり、『介護入門』の祖母がこの立場にありますが、生活の危機に遭遇する可能性は誰でももっていることです。また、『恍惚の人』の昭子や、『介護入門』の「個人的な音楽家」は実際の介護を担っているのと同時に、被介護者と同じ家族の立場としてサービスの受け手ということにもなるでしょう。

もう一つは担い手としての立場です。この場合、福祉を職業とする介護福祉士や社会福祉士などではなく、国民一般の立場を示し、「自助」「共助」「公助」という三つの視点から考えることができます。

福祉サービスの受け手という立場にたった場合でも、生活の危機を克服しようとアクションを起こします。交通事故などで身体に障害をもった人が車椅子の生活になったとしても、回復のためのリハビリテーションをしたり、新たな仕事探しを始めたりします。その過程で職業訓練を受けて仕事に必要な技術を身につけるということもあるかもしれません。あるいは、高齢で介護が必要となった人も、これ以上要介護状態を進行させないための努力をしたり、健康管理に気をつけたりします。また、家族も、できる範囲での介護を行ないます。この介護には、公的サービスでは補完しきれない、家族間に醸成された愛情関係が介在します。まず、このように、サービスの受け手が同時に担い手になるとも言える「自助」が存在します。

しかし、生活の危機を克服するには、個人の努力だけでは当然限界があります。そこで、たとえば、高齢者が認知症になり、介護が必要になったという場合、自治体の福祉課などに相談し、介護保険のサービスを受けるということになります。これが「公助」です。公助は、文字どおり、国や地方自治体の責任によって行なわれる公的サービスの提供です。財源は税金や保険料で賄《まかな》われ、子ども、高齢者、障害者、生活困窮者への福祉サービスの提供や所得保障などが行なわれます。すべての国民が公的な福祉制度の発達を支持し、国民のための実践が行なわれているかに常に関心をもっていく必要があるでしょう。

さらに、生活の危機を乗り越え、幸福な生活を実現するためには、「自助」と「公助」だけではなく、「共助」の視点も重要です。「共助」とは、同じ地域社会に暮らし、言わば生活の環境を共有する者どうしが互いに助け合い、支え合うことです。さきに述べたように、わたしたちは人間関係のなかで成長し、多くの人々に支えられながら生活の幸福を実現しています。現在は、地域のなかでの人間関係が希薄化し、他人からの干渉を嫌い、隣人の生活に興味を抱かない人が多くなっていると言われます。自分たちは自助だけで十分だということでしょう。しかし一方で、母子家庭、要介護者、障害者、単身者など、何らかの理由で生きづらさを抱えた人々のなかには、慣れ親しんだ地域で暮らしたいと願ったり、まわりの人の理解や援助がほしいと考えている人も多いのです。決して看護・介護や保育の専門的知識・技能をもっているわけではなくても、身近に暮らす隣人としてできることは少なくありません。地域に暮らす一人暮らしの高齢者を近隣の人が見守ったり、お弁当を届けたりするボランティア活動などがわかりやすい例でしょう。また、近隣の年配者が、核家族で共働きの子どもを一時的に預かったり、心配ごとの相談に乗ったりすることもあるでしょう。若い親が地域のなかに子育てのサークルをつくり、助け合って育児を行なうということもあります。できることを、できる範囲で隣人として手を差し伸べようというのが共助の考え方なのです。

最近では共助を、疲弊する地域のコミュニティ再生や防災ネットワークなどに生かそうという取り組みが各地で行なわれていますが、日常的にごく自然に隣人どうしが支え合って暮らすことができれば、いざ生活の危機に遭遇したときにも素早く対応できるのではないかと思います。福祉社会を実現していくためには、「自助」「共助」「公助」がバランスよく機能することが必要です。とりわけ、失われてきた共助、すなわち支え合いをみずからの手に取り戻すことが重要でしょう。

四　「その人らしい自立した生活」とは

ここでは、社会福祉のもう一つのキーワードである「自立」について考えていきます。自立ということばのもつ意味を改めて考えてみましょう。一般的には、他からの経済的、精神的な支配や援助を受けないで、ひとりで物事を行なうというような意味をもちます。他者に依存せず、自分のことは自分で行なうということです。たとえば、子どもが学校を卒業して仕事に就き、収入を得て生活することができると、「親からの自立ができた」というように使います。身辺自立（身のまわりのことが自分でできるようになる）、経済的自立、精神的自立というようにも使います。

ところが、このような自立した生活は、誰もが遭遇するかもしれない生活の危機（失職、病気やケガによって心身に障害を負うこと、要介護状態になるなど）によって簡単に損なわれてしまいます。また、先天性の障害をもって生まれる子どもは、大人になったとしても就業して経済的に自立することはかなり困難であると言えるでしょう。他者に依存しない自立した生活は、思うほど誰でも達成できるわけではないのです。就労の不可能な重度の障害者や、要介護の高齢者に、自立ということばはあまりにかけ離れているように感じます。社会福祉の対象者が自立した生活を送るということに違和感を覚える人も少なくないのではないでしょうか。しかし、社会福祉基礎構造改革において、「その人らしい自立した生活」は社会福祉の理念に掲げられていますし、自立ということばは社会福祉の関係法の多くに法の目的として位置づけられているのです。法制度のなかの「自立」ということばを少しみておきましょう。

日本において、社会福祉の制度が整備されていったのは、第二次世界大戦後であることは前述しましたが、そのなかで最も早く制定されたのが「生活保護法」です（一九四六年制定、一九五〇年全面改正）。「生活保護法」の第一条には、「この法律は、日本国憲法第二十五条に規定する理念に基き、国が生活に困窮するすべての国民に対し、その困窮の程度に応じ、必要な保護を行ない、その最低限度の生活を保障するとともに、その自立を助長することを目的とする」と規定されており、ここで言う「自立の助長」とは、もっぱら経済的自立を意味するものでした。

また、戦争で負傷した傷痍《しょうい》軍人の救済が戦後の緊急の課題であったことから制定されたのが「身体障害者福祉法」（一九四九年制定）です。法制定後の各都道府県知事宛て厚生事務次官通達（一九五〇年）には、「本法制定の趣旨は、現下の社会情勢下、身体障害者がその障害の故に、ややもすれば正当なる更生意欲を失い、不健全なる生活に陥り易いのでその更生意欲を喚起し、残存能力を活用することにより速やかに社会に復帰させるための援助と保護とを行おうとするものであつて、これは単なる同情的慈恵でなく又、当然の補償若しくは特権として与えるものではないこと」と記載されています。当時の法の目的が身体障害者の自力更生を援助し、おもに職業的な自立のための支援を行なうことであったことが著明です。法の制定時には、生活困窮者や障害者に対する支援は他者への依存から脱出をするためのものであったと言えるでしょう。

ところが、病気やケガによる失業という危機に対し、どんなに個人で努力しても心身の状況が回復せず、復職できない場合や、高齢で要介護状態になった人が、以前のように自分のことは自分でするという状況に戻れないことはママあります。このような状態の人にとっての自立とは、一体どのような意味をもつのでしょうか。どうも、一般的な自立ではない、別の意味があるのではないかと思えてくるのです。

このような疑問に対し、中村優一は、「かつて、『自立』はもっぱら経済的自立を意味し、公的扶助行政においては、それがしばしば、惰民養成の排除の観念と一体化していた。生活保護の行政では、今日でもこの観念は、かなり有力なものとして行政の現場を支配している。しかるに、歴史的には社会事業が社会福祉へと転換を遂げたといわれる経済の高度成長期以降、特に一九七〇年代の半ば以降、内外の障害者運動のなかから、自立を経済的観念としてのみとらえることなく、ある個人（それが障害者であれ、被保護者であれ）の、主体的生活者としての精神的独立としてとらえる新しい自立概念が強調されるようになり、国際障害者年（一九八一年）は、その発展に拍車をかけた」［中村、二〇〇三：八九］として、自立の捉え方に新しい意味づけがなされていく過程の変遷を示しています。

また、古川孝順は自立の意味について、「自立生活の支援という概念は、戦後の社会福祉行政を支配してきた自立助長の概念とは明確に区別されなければならない。自立助長という概念は、社会福祉のなかでも生活保護の領域においては、社会福祉の援助を必要としない状態になるように支援する、という意味でもちいられてきた。ひとことでいえば、自助的自立が求められてきたのである。これにたいして、自立生活の支援というときの自立生活は、独力で維持されるという意味ではない。…（中略）…自立生活支援の概念でいう自立は多様な援助を利用することを前提として維持される自立である。…（中略）…すなわち、依存的自立の概念が含まれていなければならない」［古川、二〇〇六：四六］と述べています。

現在では、自立した生活というとき、従来の、他者に依存しない経済的・職業的・身辺的自立から、自分らしい（つまり、このように生活を送るのだという自己決定に基づく）生活と認識されるようになってきました。従来の自立を目標とする支援は、それはそれで非常に大切なことですが、支援のゴールがすべて経済的・身辺的自立に設定されると、当事者の望む生活あるいは自主性とかけ離れてしまうことになるのです。

脳性麻痺という障害をもつ人がいるとします。一日二四時間の生活のなかで、身のまわりのことをひとりでやろうとすると、着替えに一時間、食事に一時間ずつ、排泄にも一回数十分とかかるというような人だとします。このような場合、できることは自分でやるという方向の自立支援であれば、その人の一日は身のまわりのことだけに費やされてしまいます。むしろ、身のまわりの支援は他者（共助であれ、公助であれ）が行ない、就業や趣味活動など、自分のやりたいことの時間を増やすことが、その人の自立生活の支援につながるのではないでしょうか。その人の意思決定に基づく、その人らしい生活の実現ということが自立の意味するものとなってくるのです。

さらには、自分で意思決定することが困難な重度の知的障害児（者）や精神障害者、重度の認知症などの人にとっては、その人の尊厳を尊重する生活を実現させることが大切な支援の視点となってくるでしょう。

五　『或る「小倉日記」伝』の自立と支え合い

松本清張の『或る「小倉日記」伝』（一九五二年作）は、明治後期から第二次世界大戦直後までに生きた脳性麻痺と思われる田神耕作とその母「ふじ」の物語です（小説の本文中では、小児麻痺、あるいは頸椎付近にできた腫瘍により神経が冒されたのではないかなどと医師から言われたが、原因は不明とされています）。

耕作には言語障害があり、よだれを垂らし、麻痺した左足を引きずって歩いています。父の定一は耕作が一〇歳のときに亡くなりますが、この家の財産はほとんど耕作の療養に費やされた状態でした。残された「ふじ」は、耕作から生涯離れまいとし、再婚の誘いにも耳を貸しませんでした。彼の外見は「口を絶えずあけ放したままで、言語もはっきりしない子は、誰が見ても白痴のように思えた。（原文のまま）」［松本、二〇〇八：一〇〇］のですが、私立の中学に入学しても、ずば抜けた成績をおさめるほどの頭脳をもっており、そのことが孤独な彼に自信を与えています。耕作は洋服の仕立屋に弟子入りしますが、左手が不自由なうえ、職人の世界になじめずに、やめてしまいます。彼は、以後一生、収入のある仕事につけず、「ふじ」の内職と祖父が残してくれた五、六件の貸家の家賃収入で生活していくのです。

ところが、耕作の友人、江南の知り合いだった白川という医師の研究を手伝ったことから、耕作は生涯のやりがいを見つけることになります。白川の蔵書を読んで、森鴎外の小倉時代の暮らしを書いた『小倉日記』が喪失していることを知ると、『小倉日記』の空白を埋める仕事（無報酬）を見つけ出したのです。はじめて希望を抱いた耕作に対し、「ふじ」は喜び、ときに一カ月の生活費の半分を使って、耕作の取材のために人力車を工面したりします。「ふじは、耕作にわが夫のように仕え、幼児のように世話をした」［同：一〇八］のです。

この時代には、老齢年金や障害者年金、障害者に対する福祉サービスもなく、職業をもたない耕作と「ふじ」の家計を支えたのは、祖父が残してくれた貸家の収入でした。また、耕作は、森鴎外のゆかりの人を訪ねるたびに、好奇な目にさらされています。母親の「ふじ」は、耕作の生涯の前半は彼の障害を何とか治癒させようと奔走しますが、後半は彼の生きがいとなった研究活動に寄り添い、生活のすべてを彼のために捧げました。耕作は経済的に自立せず、また、身辺の世話も母親に依存していましたが、『小倉日記』の空白を埋める仕事という生きがいを見出した点で、自立していたとも考えられます。支え合いという点では、親子の関係と、友人の江南や、医師の白川の関与があるだけです。

精魂こめて研究に励む耕作でしたが、恋心を抱いた看護婦には結婚を断られ、戦争が激しくなり、人を訪ねて歩くことなどままならぬほどの空襲に見舞われます。戦後は麻痺の症状がひどくなり、起きていることもできず、また、家計の状況も食料不足とインフレで逼迫《ひっぱく》していきました。貸家も人手に渡りました。さらに衰弱した耕作は「ふじ」の看病の甲斐《かい》なく死んでいきます。老いた「ふじ」は耕作の生涯をかけた『小倉日記』の草稿を持って遠くの親戚へ引き取られていきました。

六　おわりに

現在、同じような親子が生存しているとしたら二人の生活がどのように送られているのかを考えてみます。耕作は脳性麻痺の障害者ですが、彼は能力を活かした仕事につくことができているでしょうか。身体に麻痺があっても文章を書くことや資料収集を行なうことにすぐれている耕作が、生きがいある仕事を見つけて、それをサポートする体制が、「ふじ」という母親以外にあるでしょうか。「ふじ」は、耕作が障害をもっているという理由で再婚をせず、息子の世話を生涯続けましたが、母親が老いてなおも息子の将来を案ずるという苦労はなくなっているでしょうか。

わたしたちが福祉に関与する場合、ときにはそのサービスの受け手となり、ときにはサービスの担い手となります。問題の解決には、自分の努力〔自助〕が必要ですが、当然それだけでは限界があります。公的な福祉サービス〔公助〕は現在かなり整備されて、わたしたちの暮らしを支えています。それでも、老後の生活の不安は解消されず、障害者の就労支援や生活支援は十分とは言えない現状です。経済的に困窮している人、偏見や無関心、虐待などに苦しむ人も多く存在しています。公助における課題も山積みされているのです。

このような状況のもとで、わたしたちには互いを思いやり、互いの自立を支援すること（共助）が求められています。地域の一員として、あるいは学校や職場の一員としてできることがあるはずです。また、自分のなかにある無関心や偏見に気づかなくてはなりません。耕作や「ふじ」を苦しめたのは、何よりも世間の無関心や偏見だったのではないでしょうか。互いの幸福を実現するために、普段から生活の危機とその支援について関心をもち続けたいものです。わたしたちの自発性が喚起され、積極的に関与してこそ、支え合いは意味をもつのだと思います。そのことなくしては、耕作や「ふじ」の自立した生活は実現できないのではないかと考えます。

引用文献一覧

秋元美世ほか［二〇〇三］『現代社会福祉辞典』有斐閣
秋山智久［二〇〇四］「第1章　人間福祉とは何か」「第2章　人間福祉の実践」秋山智久ほか『人間福祉の哲学』ミネルヴァ書房所収
網野武博［一九九二］「子どもの発達・自立と『児童の権利に関する条約』の意義」『子ども家庭福祉情報』5号、恩賜財母子愛育会日本総合愛育研究所所収
網野武博［一九九四］「父母の第一義的養育責任」『子ども家庭福祉情報』9号、恩賜財母子愛育会日本総合愛育研究所所収
有吉佐和子［一九七二］『恍惚の人』新潮社
安藤治ほか編［二〇〇七］『スピリチュアリティの心理学―心の時代の学問を求めて』せせらぎ出版
池田由子［一九七八］『児童虐待　ゆがんだ親子関係』中公新書
今井源衛［二〇〇〇］『大和物語評釈　下巻』笠間書院（笠間注釈叢刊二八）
上田敏［一九八三］『リハビリテーションを考える―障害者の全人間的復権』青木書店
柏女霊峰［一九九五］『現代児童福祉論』誠信書房
鎌田東二［一九九五］『宗教と霊性』角川書店
菊池幸子［一九九三］「自立」京極髙宣監修『現代福祉学レキシコン』雄山閣出版所収
窪寺俊之・井上ウィマラ［二〇〇九］『スピリチュアル・ケアへのガイド―いのちを見まもる支援の実践』青海社
厚生労働省大臣官房情報部［二〇〇九］「平成二〇年簡易生命表の概況について」（http//www.mhlw.go.jp/toukei/saikin/

hw/life/life08/index.html）、二〇〇九年九月閲覧
厚生労働省［二〇〇九］「平成二〇年度社会福祉行政業務報告（福祉行政報告例）結果の概況」（http://www.mhlw.go.jp/toukei/saikin/hw/gyousei/08/kekka8.html）
佐藤三夫［一九八一］『イタリア・ルネサンスにおける人間の尊厳』有信堂
島薗進［一九九九］『精神世界のゆくえ―現代世界と新霊性運動』東京堂出版
庄司順一［二〇〇二］「発生要因」高橋重宏・庄司順一編著『福祉キーワードシリーズ　子ども虐待』中央法規所収
鈴木大拙［一九六八］『鈴木大拙全集』八巻、岩波書店
住谷磬・田中博一・山辺朗子編著［二〇〇三］『人間福祉の思想と実践』ミネルヴァ書房
高橋重宏［一九九四a］「今なぜ『国際家族年』か―その理念と日本の課題」『子ども家庭福祉情報』8号、恩賜財母子愛育会日本総合愛育研究所所収
高橋重宏［一九九四b］『ウェルフェアからウェルビーイングへ』川島書店
高橋重宏［二〇〇二a］「子ども家庭福祉の理念」、高橋重宏・山縣文治・才村純『子ども家庭福祉とソーシャルワーク』有斐閣所収
高橋重宏［二〇〇二b］「子どもの権利・責任ノート」高橋重宏・庄司順一編著『福祉キーワードシリーズ　子ども虐待』中央法規所収
寺本松野［一九八五］『そのときそばにいて―死の看護をめぐる論考集』日本看護協会出版
寺本松野［一九八八］『きょう一日を』日本看護協会出版
寺本松野［一九九一］『病人の死をみつめて』サンルート・看護研修センター
寺本松野［一九九六］『老いてなお看護婦』サンルート・看護研修センター
内閣府［二〇〇九］『高齢社会白書』
永井憲一・寺脇隆夫［一九九〇］『解説　子どもの権利条約』日本評論社

中谷茂一［二〇〇二］「統計でみる虐待」高橋重宏・庄司順一編著『福祉キーワードシリーズ　子ども虐待』中央法規所収
中村優一［二〇〇三］「社会福祉行政における自立の意味」『中村優一　社会福祉著作集第一巻　社会福祉の原理』旬報社所収（初出、『社会福祉の展望と課題』誠信書房、一九八二）
中山将・高橋陸雄編［二〇〇一］『ケア論の射程』九州大学出版
日本マザー・テレサ共労者会編［一九八六］『マザー・テレサと共に―祈り・愛・喜び』日本マザー・テレサ共労者会
野口恭子・石井トク［二〇〇〇］「乳幼児をもつ母親の子どもに対する衝動的感情と反応」、『小児保健研究』一〇二号、小児保健学会所収
日野原重明［一九九九］『〈ケア〉の新しい考えと展開』春秋社
深沢七郎［一九七四］『楢山節考』『現代の文学　杉浦明平　深沢七郎』講談社所収
深津千賀子［一九九八］「児童虐待」小此木啓吾・深津千賀子・大野裕編『心の臨床家のための必携　精神医学ハンドブック』創元社所収
古川孝順［一九九二］『児童福祉改革―その方向と課題』誠信書房
古川孝順［二〇〇六］『社会福祉原論〔第二版〕』誠信書房
松本清張［二〇〇八］『或る「小倉日記」伝』『松本清張短編全集1　西郷札』光文社文庫所収
モブ・ノリオ［二〇〇四］『介護入門』文藝春秋
森田ゆり［一九九八］『エンパワメントと人権―こころの力のみなもとへ』解放出版社
森田ゆり［二〇〇四］『新・子ども虐待　生きる力が侵されるとき』岩波ブックレット
諸橋轍次［一九五八］『大漢和辞典　巻八』大修館書店
八重樫牧子［一九九五］「今後の児童家庭福祉施策の基本方向(2)」『川崎医療福祉学会誌』5巻2号所収
八重樫牧子［二〇〇三］「母親の虐待的傾向および虐待的経験との関連性からみた母親の子育て不安」『子ども家庭福祉学』3号、日本子ども家庭福祉学会所収

やなぎやけいこ［一九九〇］『マザー・テレサ―キリストの渇きを癒すために』ドン・ボスコ社
山田容［二〇〇三］「『児童福祉』から『子ども家庭福祉』への転換―その可能性と課題」住谷磬・田中博一・山辺朗子『人間福祉の思想と実践』ミネルヴァ書房所収
両角伊都子・角間洋子・草野篤子［二〇〇〇］「乳幼児をもつ母親の育児不安に関わる諸要因―子ども虐待をも視野に入れて」『信州大学教育学部紀要』第九九号所収
ヴァーディ編／猪熊弘子訳［一九九七］『マザー・テレサ語る』早川書房
カーター（フォレスト）［一九九五］『リトル・トリー（The Education of Little Tree）』講談社ワールドブックス
カント／篠田英雄訳［一九七六］『道徳形而上学原論』岩波文庫
コルチャック（ヤヌシュ）／津崎哲雄訳［二〇〇五］『コルチャック先生のいのちの言葉―ヤヌシュ・コルチャック先生のインスピレーショナルな言葉』明石書店
ソボン／平田美智子・鈴木真理子訳［一九九八］『児童福祉のパーマネンシー―ケースマネージメントの理念と実践』筒井書房
テイラー（エリザベス・ジョンストン）／江本愛子ほか訳［二〇〇八］『スピリチュアル・ケア看護のための理論・研究・実践』医学書院
ピコ・デッラ・ミランドーラ／大出哲ほか訳［一九八五］『人間の尊厳について』国文社
プラトン／岩田靖夫訳［二〇〇四］『パイドン―魂の不死について』岩波書店
ポルトマン／高木正孝訳［一九九一］『人間はどこまで動物か―新しい人間像のために』岩波新書
マクグラス／稲垣久和ほか訳［二〇〇六］『キリスト教の霊性』教文館
マゲッリッジ／沢田和夫訳［一九七六］『マザーテレサ―すばらしいことを神さまのために』女子パウロ会
マザー・テレサ／渡辺和子訳［一九九七］『愛と祈りのことば』ＰＨＰ研究所
マザー・テレサ／片柳弘史訳［二〇〇一］『愛する子どもたちへ―マザー・テレサの遺言』ドン・ボスコ社

マタイス［一九九七］『イエスを愛した女　マザー・テレサ――「聖女」の真実』現代書林
メイヤロフ／田村真・向野宣之訳［二〇〇〇］『ケアの本質』ゆるみ出版
ヨハネ・パウロ二世／裏辻洋二訳［二〇〇一］『いのちの福音〔第二版〕』カトリック中央協議会

Aquinas, Thomas, *Summa Theologicae*, Bibloteca de Autores Cristianos.
Aquinas. Thomas, *Commentum Sententiarum*, III.
Cicero, *De Officiis*, Loeb Library, Harvard University Press.
Cicero, *De Inventione*, Loeb Library, Harvard University Press.
Elkins, D. N. [1998] *Beyond Religion*, Wheaton, 2, The Theosophical Publishing House.
Meyer, M. J. [2002] 'Dignity as a (Modern) Virtue, in: David Kretzmer and Eckart Klein eds., *The Concept of Human Dignity in Human Rights Discourse*, Kluwer Law International.
Pascal, [1964] *Pensées*, Editions Garnier Frères.
Singer, Peter [1993] *Practical Ethics*, 2ed., Cambridge University Press.
Wilber, Ken [1999] *Integral Psychology: The Collected Works of Ken Wilber*, Vol.4, Shambhala.

資料

1 世界人権宣言

（一九四八年一二月一〇日 第三回国際連合総会採択）

前　文

人類社会のすべての構成員の固有の尊厳と平等で譲ることのできない権利とを承認することは、世界における自由、正義及び平和の基礎であって、人権の無視及び軽侮が、人類の良心を踏みにじった野蛮行為をもたらし、言論及び信仰の自由が受け入れられ、恐怖及び欠乏のない世界の到来が、一般の人々の最高の願望とされたので、人間が専制と圧迫とに対する最後の手段として反逆に訴えることがないようにするためには、法の支配によって人権を保護することが肝要であるので、諸国間の友好関係の発展を促進することが、肝要であるので、国際連合の諸国民は、国際連合憲章において、基本的人権、人間の尊厳及び価値並びに男女の同権についての信念を再確認し、かつ、一層大きな自由のうちで社会的進歩と生活水準の向上とを促進することを決意したので、加盟国は、国際連合と協力して、人権及び基本的自由の普遍的な尊重及び遵守の促進を達成することを誓約したので、これらの諸権利及び自由に対する共通の理解は、この誓約を完全にするために最も重要であるので、よって、ここに、国際連合総会は、社会の各個人及び各機関が、この世界人権宣言を常に念頭に置きながら、加盟国自身の人民の間にも、また、加盟国の管轄下にある地域の人民の間にも、これらの権利と自由との尊重を指導及び教育によって促進すること並びにそれらの普遍的かつ効果的な承認と遵守とを国内的及び国際的な漸進的措置によって確保することに努力するように、すべての人民とすべての国とが達成すべき共通の基準として、この世界人権宣言を公布する。

第一条　すべての人間は、生まれながらにして自由であり、かつ尊厳と権利とについて平等である。人間は、理性と良心とを授けられており、互いに同胞の精神をもって行動しなければならない。

第二条　すべて人は、人種、皮膚の色、性、言語、宗教、政治上その他の意見、国民的若しくは社会的出身、財産、門地その他の地位又はこれに類するいかなる事由による差別をも受けることなく、この宣言に掲げるすべての権利と自由とを享有することができる。

2　さらに、個人の属する国又は地域が独立国であると、信託統治地域であると、非自治地域であると、又は他の何らかの主権制限の下にあるとを問わず、その国又は地域の政治上、管轄上又は国際上の地位に基づくいかなる差別もしてはならない。

第三条　すべて人は、生命、自由及び身体の安全に対する権利を有する。

第四条　何人も、奴隷にされ、又は苦役に服することはない。奴隷制度及び奴隷売買は、いかなる形においても禁止する。

第五条　何人も拷問又は残虐な、非人道的な若しくは屈辱的な取り扱い若しくは刑罰を受けることはない。

第六条　すべて人は、いかなる場所においても、法の下において、人として認められる権利と有する。

第七条　すべての人は、法の下において平等であり、また、いかなる差別もなしに法の平等な保護を受ける権利を有する。すべての人は、この宣言に違反するいかなる差別に対しても、また、そのような差別をそそのかすいかなる行為に対しても、平等な保護を受ける権利を有する。

第八条　すべての人は、憲法又は法律によって与えられた基本的権利を侵害する行為に対し、権限を有する国内裁判所による効果的な救済を受ける権利を有する。

第九条　何人も、ほしいままに逮捕、拘禁、又は追放されることはない。

第一〇条　すべて人は、自己の権利及び義務並びに自己に対する刑事責任が決定されるにあたって、独立の公平な裁判所による公正な公開の審理を受けることについて完全な平等の権利を有する。

第一一条　犯罪の訴追を受けた者は、すべて、自己の弁護に必要なすべての保障を与えられた公開の裁判において法律に従って有罪の立証があるまでは、無罪と推定される権利を有する。

2　何人も、実行のときに国内法又は国際法により犯罪を構成しなかった作為又は不作為のために有罪とされることはない。また、犯罪が行われたときに適用される刑罰より重い刑罰を科せられない。

第一二条　何人も、自己の私事、家族、家庭若しくは通信に対して、ほしいままに干渉され、又は名誉及び信用に対して攻撃を受けることはない。人はすべて、このような干渉又は攻撃に対して法の保護を受ける権利を有する。

第一三条　すべて人は、各国の境界内において自由に移転及び居住する権利を有する。

2　すべて人は、自国その他いずれの国をも立ち去り、及び自国に帰る権利を有する。

第一四条　すべて人は、迫害を免れるため、他国に避難することを求め、かつ、避難する権利を有する。

2　この権利は、もっぱら非政治的犯罪又は国際連合の目的及び原則に反する行為を原因とする訴追の場合には、援用することはできない。

第一五条　すべて人は、国籍を持つ権利を有する。

2　何人も、ほしいままにその国籍を奪われ、又はその国籍を変更する権利を否認されることはない。

第一六条　成人の男女は、人種、国籍又は宗教によるいかなる制限をも受けることなく、婚姻し、かつ家庭を作る権利を有する。成年の男女は、婚姻中及びその解消に際し、婚姻に関し平等の権利を有する。

2　婚姻は、両当事者の自由かつ完全な合意によってのみ成立する。

3　家庭は、社会の自然かつ基礎的な集団単位であって、社会的及び国の保護を受ける権利を有する。

第一七条　すべて人は、単独で又は他のものと共同して財産を所有する権利を有する。

2　何人も、ほしいままに自己の財産を奪われることはない。

第一八条　すべて人は、思想、良心及び宗教の自由に対する権利を有する。この権利は、宗教又は信念を変更する自由並びに単独で又は他の者と共同して、公的に又は私的に、布教、行事、礼拝及び儀式によって宗教又は信念を表明する自由を含む。

第一九条　すべて人は、意見及び表現の自由に対する権利を有する。この権利は、干渉を受けることなく自己の意見を持つ自由並びにあらゆる手段により、また、国境を越えると否とにかかわりなく、情報及び思想を求め、受け、及び伝える自由を含む。

第二〇条　すべての人は、平和的集会及び結社の自由に対する権利を有する。

2　何人も、結社に属することを強制されない。

第二一条　すべての人は、直接に又は自由に選出された代表者を通じて、自国の政治に参与する権利を有する。

2　すべて人は、自国において等しく公務につく権利を有する。

3　人民の意思は、統治の権力の基礎とならなければならない。この意思は、定期のかつ真正な選挙によって表明されなければならない。この選挙は、平等の普通選挙によるものでなければならず、また、秘密投票又はこれと同等の自由が保障される投票手続きによって行われなければならない。

第二二条　すべて人は、社会の一員として、社会保障を受ける権利を有し、かつ、国家的努力及び国際的協力により、また、各国の組織及び資源に応じて、自己の尊厳と自己の人格の自由な発展とに欠くことのできない経済的、社会的及び文化的権利を実現する権利を有する。

第二三条　すべて人は、勤労し、職業を自由に選択し、公正かつ有利な勤労条件を確保し、及び失業に対する保護を受ける権利を有する。

2　すべての人は、いかなる差別をも受けることなく、同等の勤労に対し、同等の報酬を受ける権利を有する。

3　勤労する者は、すべて、自己及び家族に対して人間の尊厳にふさわしい生活を保障する公正かつ有利な報酬を受け、かつ、必要な場合には、他の社会的保護手段によって補充を受けることができる。

4　すべて人は、自己の利益を保護するために労働組合を組織し、及びこれに参加する権利を有する。

第二四条　すべて人は、労働時間の合理的な制限及び定期的な有給休暇を含む休息及び余暇を持つ権利を有する。

第二五条　すべて人は、衣食住、医療及び必要な社会的施設等により、自己及び家族の健康及び福祉に十分な生活水準を保持する権利並びに失業、疾病、心身障害、配偶者の死亡、老齢その他不可抗力による生活不能の場合は、保障を受ける権利を有する。

2　母と子は、特別の保護及び援助を受ける権利を有する。すべての児童は、嫡出であると否とを問わず、同じ社会的保護を受ける。

第二六条　すべて人は、教育を受ける権利を有する。教育は、少なくとも初等の及び基礎の段階においては、無償でなければならない。初等教育は、義務的でなければならない。技術教育及び職業教育は、一般に利用できるものでなければならず、また、高等教育は、能力に応じ、すべての者に等しく開放されていなければならない。

2　教育は、人格の完全な発展並びに人権及び基本的自由の尊重の強化を目的としなければならない。教育は、すべての国又は人種若しくは宗教的団体相互間の理解、寛容及び友好関係を増進し、かつ、平和の維持のため、国際連合の活動を促進するものでなければならない。

3　親は、子に与える教育の種類を選択する優先的権利を有する。

第二七条　すべて人は、自由に社会の文化的生活に参加し、芸術を鑑賞し、及び科学の進歩とその恩恵とにあずかる権利を有する。

2　すべて人は、その創作した科学的、文学的又は美術的作品から生ずる精神的物質的利益から保護される権利を有する。

第二八条　すべて人は、この宣言に掲げる権利及び自由が完全に実現される社会的及び国際的秩序に対する権利を有する。

第二九条　すべて人は、その人格の自由かつ完全な発展がその中にあってのみ可能である社会に対して義務を負う。

2　すべて人は、自己の権利及び自由を行使するに当たっては、他人の権利及び自由の正当な承認及び尊重を保障すること並びに民主的社会における道徳、公の秩序及び一般の福祉の正当な要求を満たすことをもっぱら目的として法律によって定められた制限にのみ服する。

3　これらの権利及び自由は、いかなる場合にも、国際連合の目的及び原則に反して行使してはならない。

第三〇条　この宣言のいかなる規定も、いずれかの国、集団又は個人に対して、この宣言に掲げる権利及び自由の破壊を目的とする活動に従事し、又はそのような目的を有する行為を行う権利を認めるものと解釈してはならない。

2　障害者の権利宣言

（一九七五年一二月九日　第三〇回国連総会採択）

総会は、国際連合憲章のもとにおいて、国連と協力しつつ、生活水準の向上、完全雇用、経済・社会の進歩・発展の条件を促進するため、この機構と協力して共同及び個別の行動をとるとの加盟諸国の誓約に留意し、国際連合憲章において宣言された人権及び基本的自由並びに平和、人間の尊厳と価値及び社会正義に関する諸原則に対する信念を再確認し、世界人権宣言、国際人権規約、児童権利宣言及び精神薄弱者の権利宣言の諸原則並びに国際労働機関、国連教育科学文化機関、世界保健機関、国連児童基金及び他の関係諸機関の規約、条約、勧告及び決議において社会発展を目的として既に定められた基準を想起し、障害防止及び障害者のリハビリテーションに関する一九七五年五月六日の経済社会理事会決議一九二一（第五八回会期）をも、また想起し、社会の進歩及び発展に関する宣言が心身障害者の権利を保護し、またそれらの福祉及びリハビリテーションを確保する必要性を宣言したことを強調し、身体的・精神的障害を防止し、障害者が最大限に多様な活動分野においてその能力を発揮し得るよう援助し、また可能な限り彼らの通常の生活への統合を促進する必要性に留意し、若干の国においては、その現在の発展段階においては、この目的のために限られた努力しか払い得ないことを認識し、この障害者の権利に関する宣言を宣言し、かつこれらの権利の保護のための共通の基礎及び指針として使用されることを確保するための国内的及び国際的行動を要請する。

1　「障害者」という言葉は、先天的か否かにかかわらず、身体的又は精神的能力の不全のために、通常の個人又は社会生活に必要なことを確保することが、自分自身では完全に又は部分的にできない人のことを意味する。

2　障害者は、この宣言において掲げられるすべての権利を享受する。これらの権利は、いかなる例外もなく、かつ、人種、皮膚の色、性、言語、宗教、政治上若しくはその他の意見、国若しくは社会的身分、貧富、出生又は障害者自身若しくはその家族の置かれている状況に基づく区別又は差別もなく、すべての障害者に認められる。

3 障害者は、その人間としての尊厳が尊重される生まれながらの権利を有している。障害者は、その障害の原因、特質及び程度にかかわらず、同年齢の市民と同等の基本的権利を有する。このことは、まず第一に、可能な限り通常のかつ十分満たされた相当の生活を送ることができる権利を意味する。

4 障害者は、他の人々と同等の市民権及び政治的権利を有する。精神薄弱者の権利宣言 の第七条は、精神薄弱者のこのような諸権利のいかなる制限又は排除にも適用される。

5 障害者は、可能な限り自立させるよう構成された施策を受ける資格がある。

6 障害者は、補装具を含む医学的、心理学的及び機能的治療、並びに医学的・社会的リハビリテーション、教育、職業教育、訓練リハビリテーション、介助、カウンセリング、職業あっ旋及びその他障害者の能力と技能を最大限に開発でき、社会統合又は再統合する過程を促進するようなサービスを受ける権利を有する。

7 障害者は、経済的社会的保障を受け、相当の生活水準を保つ権利を有する。障害者は、その能力に従い、保障を受け、雇用され、または有益で生産的かつ報酬を受ける職業に従事し、労働組合に参加する権利を有する。

8 障害者は、経済社会計画のすべての段階において、その特別のニーズが考慮される資格を有する。

9 障害者は、その家族又は養親とともに生活し、すべての社会的活動、創造的活動又はレクリエーション活動に参加する権利を有する。障害者は、その居所に関する限り、その状態のため必要であるか又はその状態に由来して改善するため必要である場合以外、差別的な扱いをまぬがれる。もし、障害者が専門施設に入所することが絶対に必要であっても、そこでの環境及び生活条件は、同年齢の人の通常の生活に可能な限り似通ったものであるべきである。

10 障害者は、差別的、侮辱的又は下劣な性質をもつ、あらゆる搾取、あらゆる規則そしてあらゆる取り扱いから保護されるものとする。

11 障害者は、その人格及び財産の保護のために適格なる法的援助が必要な場合には、それらを受け得るようにされなければならない。もし、障害者に対して訴訟が起こされた場合には、その適用される法的手続きは、彼らの身体的精神的状態が十分に考慮されるべきである。

12 障害者団体は、障害者の権利に関するすべての事項について有効に協議を受けるものとする。

13 障害者、その家族及び地域社会は、この宣言に含まれる権利について、あらゆる適切な手段により十分に知らされるべきである。

3 児童の権利に関する条約

（一九八九年一一月二〇日第四四回国際連合総会採択、九〇年発効、九四年日本国批准）

前　文

この条約の締約国は、国際連合憲章において宣明された原則によれば、人類社会のすべての構成員の固有の尊厳及び平等のかつ奪い得ない権利を認めることが世界における自由、正義及び平和の基礎を成すものであることを考慮し、国際連合加盟国の国民が、国際連合憲章において、基本的人権並びに人間の尊厳及び価値に関する信念を改めて確認し、かつ、一層大きな自由の中で社会的進歩及び生活水準の向上を促進することを決意したことに留意し、国際連合が、世界人権宣言及び人権に関する国際規約において、すべての人は人種、皮膚の色、性、言語、宗教、政治的意見その他の意見、国民的若しくは社会的出身、財産、出生又は他の地位等によるいかなる差別もなしに同宣言及び同規約に掲げるすべての権利及び自由を享有することができることを宣明し及び合意したことを認め、国際連合が、世界人権宣言において、児童は特別な保護及び援助についての権利を享有することができることを宣明したことを想起し、家族が、社会の基礎的な集団として、並びに家族のすべての構成員、特に、児童の成長及び福祉のための自然な環境として、社会においてその責任を十分に引き受けることができるよう必要な保護及び援助を与えられるべきであることを確信し、児童が、その人格の完全なかつ調和のとれた発達のため、家庭環境の下で幸福、愛情及び理解のある雰囲気の中で成長すべきであることを認め、児童が、社会において個人として生活するため十分な準備が整えられるべきであり、かつ、国際連合憲章において宣明された理想の精神並びに特に平和、尊厳、寛容、自由、平等及び連帯の精神に従って育てられるべきであることを考慮し、児童に対して特別な保護を与えることの必要性が、一九二四年の児童の権利に関するジュネーヴ宣言及び一九五九年一一月二〇日に国際連合総会で採択された児童の権利に関する宣言において述べられており、また、世界人権宣言、市民的及び政治的権利に関する国際規約（特に第二三条及び第二四条）、経済的、社会的及び文化的権利に関する国際規約（特に第一〇条）並びに児童の福祉に関係する専門機関及び国際機関の規程及び関係文書において認められていることに留意し、児童の権利に関する宣言において示されているとおり「児童は、身体的及び精神的に未熟であるため、その出生の前後において、適当な法的保護を含む特別な保護及び世話を必要とする。」ことに留意し、国内の又は国際的な里親委託及び養子縁組を特に考慮した児童の保護及び福祉についての社会的及び法的な原則に関する宣言、少年司法の運用のための国際連合最低基準規則（北京規則）及び緊急事態及び武力紛争における女子及び児童の保護に関する宣言の規定を想起し、極めて困難な条件の下で生活している児童が世界のすべての国に存在すること、また、このような児童が特別の配慮を必要としていることを認め、児童の保護及び調和のとれた発達のために各人民の伝統及び文化的価値が有する重要性を十分に考慮し、あらゆる国特に開発途上国における児童の生活条件を改善するために国際協力が重要であることを認めて、次のとおり協定した。

第一条　この条約の適用上、児童とは、18歳未満のすべての者をいう。ただし、当該児童で、その者に適用される法律によりより早く成年に達したものを除く。

第二条　締約国は、その管轄の下にある児童に対し、児童又はその父母若しくは法定保護者の人種、皮膚の色、性、言語、宗教、政治的意見その他の意見、国民的、種族的若しくは社会的出身、財産、心身障害、出生又は他の地位にかかわらず、いかなる差別もなしにこの条約に定める権利を尊重し、及び確保する。

2　締約国は、児童がその父母、法定保護者又は家族の構成員の地位、活動、表明した意見又は信念によるあらゆる形態の差別又は処罰から保護されることを確保するためのすべての適当な措置をとる。

第三条　児童に関するすべての措置をとるに当たっては、公的若しくは私的な社会福祉施設、裁判所、行政当局又は立法機関のいずれによって行われるものであっても、児童の最善の利益が主として考慮されるものとする。

2　締約国は、児童の父母、法定保護者又は児童について法的に責任を有する他の者の権利及び義務を考慮に入れて、児童の福祉に必要な保護及び養護を確保することを約束し、このため、すべての適当な立法上及び行政上の措置をとる。

3　締約国は、児童の養護又は保護のための施設、役務の提供及び設備が、特に安全及び健康の分野に関し並びにこれらの職員の数及び適格性並びに適正な監督に関し権限のある当局の設定した基準に適合することを確保する。

第四条　締約国は、この条約において認められる権利の実現のため、すべての適当な立法措置、行政措置その他の措置を講ずる。締約国は、経済的、社会的及び文化的権利に関しては、自国における利用可能な手段の最大限の範囲内で、また、必要な場合には国際協力の枠内で、これらの措置を講ずる。

第五条　締約国は、児童がこの条約において認められる権利を行使するに当たり、父母若しくは場合により地方の慣習により定められている大家族若しくは共同体の構成員、法定保護者又は児童について法的に責任を有する他の者がその児童の発達しつつある能力に適合する方法で適当な指示及び指導を与える責任、権利及び義務を尊重する。

第六条　締約国は、すべての児童が生命に対する固有の権利を有することを認める。

2　締約国は、児童の生存及び発達を可能な最大限の範囲において確保する。

第七条　児童は、出生の後直ちに登録される。児童は、出生の時から氏名を有する権利及び国籍を取得する権利を有するものとし、また、できる限りその父母を知りかつその父母によって養育される権利を有する。

2　締約国は、特に児童が無国籍となる場合を含めて、国内法及びこの分野における関連する国際文書に基づく自国の義務に従い、1の権利の実現を確保する。

第八条　締約国は、児童が法律によって認められた国籍、氏名及び家族関係を含むその身元関係事項について不法に干渉されることなく保持する権利を尊重することを約束する。

2　締約国は、児童がその身元関係事項の一部又は全部を不法に奪われた場合には、その身元関係事項を速やかに回復するため、適当な援助及び保護を与える。

第九条　締約国は、児童がその父母の意思に反してその父母から分離されないことを確保する。ただし、権限のある当局が司法の審査に従うことを条件として適用のある法律及び手続に従いその分離が児童の最善の利益のために必要であると決定する場合は、この限りでない。このような決定は、父母が児童を虐待し若しくは放置する場合又は父母が別居しており児童の居住地を決定しなければならない場合のような特定の場合において必要となることがある。

2　すべての関係当事者は、1の規定に基づくいかなる手続においても、その手続に参加しかつ自己の意見を述べる機会を有する。

3　締約国は、児童の最善の利益に反する場合を除くほか、父母の一方又は双方から分離されている児童が定期的に父母のいずれとも人的な関係及び直接の接触を維持する権利を尊重する。

4　3の分離が、締約国がとった父母の一方若しくは双方又は児童の抑留、拘禁、追放、退去強制、死亡（その者が当該締約国により身体を拘束されている間に何らかの理由により生じた死亡を含む。）等のいずれかの措置に基づく場合には、当該締約国は、要請に応じ、父母、児童又は適当な場合には家族の他の構成員に対し、家族のうち不在となっている者の所在に関する重要な情報を提供する。ただし、その情報の提供が児童の福祉を害する場合は、この限りでない。締約国は、更に、その要請の提出自体が関係者に悪影響を及ぼさないことを確保する。

第一〇条　前条1の規定に基づく締約国の義務に従い、家族の再統合を目的とする児童又はその父母による締約国への入国又は締約国からの出国の申請については、締約国が積極的、人道的かつ迅速な方法で取り扱う。締約国は、更に、その申請の提出が申請者及びその家族の構成員に悪影響を及ぼさないことを確保する。

2　父母と異なる国に居住する児童は、例外的な事情がある場合を除くほか定期的に父母との人的な関係及び直接の接触を維持する権利を有する。このため、前条1の規定に基づく締約国の義務に従い、締約国は、児童及びその父母がいずれの国（自国を含む。）からも出国し、かつ、自国に入国する権利を尊重する。出国する権利は、法律で定められ、国の安全、公の秩序、公衆の健康若しくは道徳又は他の者の権利及び自由を保護するために必要であり、かつ、この条約において認められる他の権利と両立する制限にのみ従う。

第一一条　締約国は、児童が不法に国外へ移送されることを防止し及び国外から帰還することができない事態を除去するための措置を講ずる。

2　このため、締約国は、二国間若しくは多数国間の協定の締結又は現行の協定への加入を促進する。

第一二条　締約国は、自己の意見を形成する能力のある児童がその児童に影響を及ぼすすべての事項について自由に自己の意見を表明する権利を確保する。この場合において、児童の意見は、その児童の年齢及び成熟度に従って相応に考慮されるものとする。

2　このため、児童は、特に、自己に影響を及ぼすあらゆる司法上及び行政上の手続において、国内法の手続規則に合致する方法により直接に又は代理人若しくは適当な団体を通じて聴取される機会を与えられる。

第一三条　児童は、表現の自由についての権利を有する。この権利には、口頭、手書き若しくは印刷、芸術の形態又は自ら選択する他の方法により、国境とのかかわりなく、あらゆる種類の情報及び考えを求め、受け及び伝える自由を含む。

2　1の権利の行使については、一定の制限を課することができる。ただし、その制限は、法律によって定められ、かつ、次の目的のために必要とされるものに限る。

(a)　他の者の権利又は信用の尊重

(b)　国の安全、公の秩序又は公衆の健康若しくは道徳の保護

第一四条　締約国は、思想、良心及び宗教の自由についての児童の権利を尊重する。

2　締約国は、児童が1の権利を行使するに当たり、父母及び場合により法定保護者が児童に対しその発達しつつある能力に適合する方法で指示を与える権利及び義務を尊重する。

3　宗教又は信念を表明する自由については、法律で定める制限であって公共の安全、公の秩序、公衆の健康若しくは道徳又は他の者の基本的な権利及び自由を保護するために必要なもののみを課することができる。

第一五条　締約国は、結社の自由及び平和的な集会の自由についての児童の権利を認める。

2　1の権利の行使については、法律で定める制限であって国の安全若しくは公共の安全、公の秩序、公衆の健康若しくは道徳の保護又は他の者の権利及び自由の保護のため民主的社会において必要なもの以外のいかなる制限も課することができない。

第一六条　いかなる児童も、その私生活、家族、住居若しくは通信に対して恣意的に若しくは不法に干渉され又は名誉及び信用を不法に攻撃されない。

2　児童は、1の干渉又は攻撃に対する法律の保護を受ける権利を有する。

第一七条　締約国は、大衆媒体（マス・メディア）の果たす重要な機能を認め、児童が国の内外の多様な情報源からの情報及び資料、特に児童の社会面、精神面及び道徳面の福祉並びに心身の健康の促進を目的とした情報及び資料を利用することができることを確保する。このため、締約国は、

(a)　児童にとって社会面及び文化面において有益であり、かつ、第二九条の精神に沿う情報及び資料を大衆媒体（マス・メディア）が普及させるよう奨励する。

(b)　国の内外の多様な情報源（文化的にも多様な情報源を含む。）からの情報及び資料の作成、交換及び普及における国際協力を奨励する。

(c)　児童用書籍の作成及び普及を奨励する。

(d)　少数集団に属し又は原住民である児童の言語上の必要性について大衆媒体（マス・メディア）が特に考慮するよう奨励する。

(e)　第一三条及び次条の規定に留意して、児童の福祉に有害な情報及び資料から児童を保護するための適当な指針を発展させることを奨励する。

第一八条　締約国は、児童の養育及び発達について父母が共同の責任を有するという原則についての認識を確保するために

最善の努力を払う。父母又は場合により法定保護者は、児童の養育及び発達についての第一義的な責任を有する。児童の最善の利益は、これらの者の基本的な関心事項となるものとする。

2　締約国は、この条約に定める権利を保障し及び促進するため、父母及び法定保護者が児童の養育についての責任を遂行するに当たりこれらの者に対して適当な援助を与えるものとし、また、児童の養護のための施設、設備及び役務の提供の発展を確保する。

3　締約国は、父母が働いている児童が利用する資格を有する児童の養護のための役務の提供及び設備からその児童が便益を受ける権利を有することを確保するためのすべての適当な措置をとる。

第一九条　締約国は、児童が父母、法定保護者又は児童を監護する他の者による監護を受けている間において、あらゆる形態の身体的若しくは精神的な暴力、傷害若しくは虐待、放置若しくは怠慢な取扱い、不当な取扱い又は搾取（性的虐待を含む。）からその児童を保護するためすべての適当な立法上、行政上、社会上及び教育上の措置をとる。

2　1の保護措置には、適当な場合には、児童及び児童を監護する者のために必要な援助を与える社会的計画の作成その他の形態による防止のための効果的な手続並びに1に定める児童の不当な取扱いの事件の発見、報告、付託、調査、処置及び事後措置並びに適当な場合には司法の関与に関する効果的な手続を含むものとする。

第二〇条　一時的若しくは恒久的にその家庭環境を奪われた児童又は児童自身の最善の利益にかんがみその家庭環境にとどまることが認められない児童は、国が与える特別の保護及び援助を受ける権利を有する。

2　締約国は、自国の国内法に従い、1の児童のための代替的な監護を確保する。

3　2の監護には、特に、里親委託、イスラム法のカファーラ、養子縁組又は必要な場合には児童の監護のための適当な施設への収容を含むことができる。解決策の検討に当たっては、児童の養育において継続性が望ましいこと並びに児童の種族的、宗教的、文化的及び言語的な背景について、十分な考慮を払うものとする。

第二一条　養子縁組の制度を認め又は許容している締約国は、児童の最善の利益について最大の考慮が払われることを確保するものとし、また、

(a)　児童の養子縁組が権限のある当局によってのみ認められることを確保する。この場合において、当該権限のある当局は、適用のある法律及び手続に従い、かつ、信頼し得るすべての関連情報に基づき、養子縁組が父母、親族及び法定保護者に関する児童の状況にかんがみ許容されること並びに必要な場合には、関係者が所要のカウンセリングに基づき養子縁組について事情を知らされた上での同意を与えていることを認定する。

(b)　児童がその出身国内において里親若しくは養家に託され又は適切な方法で監護を受けることができない場合には、これに代わる児童の監護の手段として国際的な養子縁組を考慮することができることを認める。

(c)　国際的な養子縁組が行われる児童が国内における養子縁組の場合における保

護及び基準と同等のものを享受することを確保する。

(d) 国際的な養子縁組において当該養子縁組が関係者に不当な金銭上の利得をもたらすことがないことを確保するためのすべての適当な措置をとる。

(e) 適当な場合には、二国間又は多数国間の取極又は協定を締結することによりこの条の目的を促進し、及びこの枠組みの範囲内で他国における児童の養子縁組が権限のある当局又は機関によって行われることを確保するよう努める。

第二二条 締約国は、難民の地位を求めている児童又は適用のある国際法及び国際的な手続若しくは国内法及び国内的な手続に基づき難民と認められている児童が、父母又は他の者に付き添われているかいないかを問わず、この条約及び自国が締約国となっている人権又は人道に関する他の国際文書に定める権利であって適用のあるものの享受に当たり、適当な保護及び人道的援助を受けることを確保するための適当な措置をとる。

2 このため、締約国は、適当と認める場合には、1の児童を保護し及び援助するため、並びに難民の児童の家族との再統合に必要な情報を得ることを目的としてその難民の児童の父母又は家族の他の構成員を捜すため、国際連合及びこれと協力する他の権限のある政府間機関又は関係非政府機関による努力に協力する。その難民の児童は、父母又は家族の他の構成員が発見されない場合には、何らかの理由により恒久的又は一時的にその家庭環境を奪われた他の児童と同様にこの条約に定める保護が与えられる。

第二三条 締約国は、精神的又は身体的な障害を有する児童が、その尊厳を確保し、自立を促進し及び社会への積極的な参加を容易にする条件の下で十分かつ相応な生活を享受すべきであることを認める。

2 締約国は、障害を有する児童が特別の養護についての権利を有することを認めるものとし、利用可能な手段の下で、申込みに応じた、かつ、当該児童の状況及び父母又は当該児童を養護している他の者の事情に適した援助を、これを受ける資格を有する児童及びこのような児童の養護について責任を有する者に与えることを奨励し、かつ、確保する。

3 障害を有する児童の特別な必要を認めて、2の規定に従って与えられる援助は、父母又は当該児童を養護している他の者の資力を考慮して可能な限り無償で与えられるものとし、かつ、障害を有する児童が可能な限り社会への統合及び個人の発達（文化的及び精神的な発達を含む。）を達成することに資する方法で当該児童が教育、訓練、保健サービス、リハビリテーション・サービス、雇用のための準備及びレクリエーションの機会を実質的に利用し及び享受することができるように行われるものとする。

4 締約国は、国際協力の精神により、予防的な保健並びに障害を有する児童の医学的、心理学的及び機能的治療の分野における適当な情報の交換（リハビリテーション、教育及び職業サービスの方法に関する情報の普及及び利用を含む。）であってこれらの分野における自国の能力及び技術を向上させ並びに自国の経験を広げることができるようにすることを目的とするものを促進する。これに関しては、特に、開発途上国の必要を考慮する。

第二四条　締約国は、到達可能な最高水準の健康を享受すること並びに病気の治療及び健康の回復のための便宜を与えられることについての児童の権利を認める。締約国は、いかなる児童もこのような保健サービスを利用する権利が奪われないことを確保するために努力する。

2　締約国は、1の権利の完全な実現を追求するものとし、特に、次のことのための適当な措置をとる。

(a)　幼児及び児童の死亡率を低下させること。

(b)　基礎的な保健の発展に重点を置いて必要な医療及び保健をすべての児童に提供することを確保すること。

(c)　環境汚染の危険を考慮に入れて、基礎的な保健の枠組みの範囲内で行われることを含めて、特に容易に利用可能な技術の適用により並びに十分に栄養のある食物及び清潔な飲料水の供給を通じて、疾病及び栄養不良と闘うこと。

(d)　母親のための産前産後の適当な保健を確保すること。

(e)　社会のすべての構成員特に父母及び児童が、児童の健康及び栄養、母乳による育児の利点、衛生（環境衛生を含む。）並びに事故の防止についての基礎的な知識に関して、情報を提供され、教育を受ける機会を有し及びその知識の使用について支援されることを確保すること。

(f)　予防的な保健、父母のための指導並びに家族計画に関する教育及びサービスを発展させること。

3　締約国は、児童の健康を害するような伝統的な慣行を廃止するため、効果的かつ適当なすべての措置をとる。

4　締約国は、この条において認められる権利の完全な実現を漸進的に達成するため、国際協力を促進し及び奨励することを約束する。これに関しては、特に、開発途上国の必要を考慮する。

第二五条　締約国は、児童の身体又は精神の養護、保護又は治療を目的として権限のある当局によって収容された児童に対する処遇及びその収容に関連する他のすべての状況に関する定期的な審査が行われることについての児童の権利を認める。

第二六条　締約国は、すべての児童が社会保険その他の社会保障からの給付を受ける権利を認めるものとし、自国の国内法に従い、この権利の完全な実現を達成するための必要な措置をとる。

2　1の給付は、適当な場合には、児童及びその扶養について責任を有する者の資力及び事情並びに児童によって又は児童に代わって行われる給付の申請に関する他のすべての事項を考慮して、与えられるものとする。

第二七条　締約国は、児童の身体的、精神的、道徳的及び社会的な発達のための相当な生活水準についてのすべての児童の権利を認める。

2　父母又は児童について責任を有する他の者は、自己の能力及び資力の範囲内で、児童の発達に必要な生活条件を確保することについての第一義的な責任を有する。

3　締約国は、国内事情に従い、かつ、その能力の範囲内で、1の権利の実現のため、父母及び児童について責任を有する他の者を援助するための適当な措置をとるものとし、また、必要な場合には、特に栄養、衣類及び住居に関して、物的援助及び支援計画を提供する。

4　締約国は、父母又は児童について金銭上の責任を有する他の者から、児童の扶養料を自国内で及び外国から、回収することを確保するためのすべての適当な措置をとる。特に、児童について金銭上の責任を有する者が児童と異なる国に居住している場合には、締約国は、国際協定への加入又は国際協定の締結及び他の適当な取決めの作成を促進する。

第二八条　締約国は、教育についての児童の権利を認めるものとし、この権利を漸進的にかつ機会の平等を基礎として達成するため、特に、

(a)　初等教育を義務的なものとし、すべての者に対して無償のものとする。

(b)　種々の形態の中等教育（一般教育及び職業教育を含む。）の発展を奨励し、すべての児童に対し、これらの中等教育が利用可能であり、かつ、これらを利用する機会が与えられるものとし、例えば、無償教育の導入、必要な場合における財政的援助の提供のような適当な措置をとる。

(c)　すべての適当な方法により、能力に応じ、すべての者に対して高等教育を利用する機会が与えられるものとする。

(d)　すべての児童に対し、教育及び職業に関する情報及び指導が利用可能であり、かつ、これらを利用する機会が与えられるものとする。

(e)　定期的な登校及び中途退学率の減少を奨励するための措置をとる。

2　締約国は、学校の規律が児童の人間の尊厳に適合する方法で及びこの条約に従って運用されることを確保するためのすべての適当な措置をとる。

3　締約国は、特に全世界における無知及び非識字の廃絶に寄与し並びに科学上及び技術上の知識並びに最新の教育方法の利用を容易にするため、教育に関する事項についての国際協力を促進し、及び奨励する。これに関しては、特に、開発途上国の必要を考慮する。

第二九条　締約国は、児童の教育が次のことを指向すべきことに同意する。

(a)　児童の人格、才能並びに精神的及び身体的な能力をその可能な最大限度まで発達させること。

(b)　人権及び基本的自由並びに国際連合憲章にうたう原則の尊重を育成すること。

(c)　児童の父母、児童の文化的同一性、言語及び価値観、児童の居住国及び出身国の国民的価値観並びに自己の文明と異なる文明に対する尊重を育成すること。

(d)　すべての人民の間の、種族的、国民的及び宗教的集団の間の並びに原住民である者の理解、平和、寛容、両性の平等及び友好の精神に従い、自由な社会における責任ある生活のために児童に準備させること。

(e)　自然環境の尊重を育成すること。

2　この条又は前条のいかなる規定も、個人及び団体が教育機関を設置し及び管理する自由を妨げるものと解してはならない。ただし、常に、1に定める原則が遵守されること及び当該教育機関において行われる教育が国によって定められる最低限度の基準に適合することを条件とする。

第三〇条　種族的、宗教的若しくは言語的少数民族又は原住民である者が存在する国において、当該少数民族に属し又は原住民である児童は、その集団の他の構成員とともに自己の文化を享有し、自己の宗教を信仰しかつ実践し又は自己の言語

を使用する権利を否定されない。

第三一条　締約国は、休息及び余暇についての児童の権利並びに児童がその年齢に適した遊び及びレクリエーションの活動を行い並びに文化的な生活及び芸術に自由に参加する権利を認める。

2　締約国は、児童が文化的及び芸術的な生活に十分に参加する権利を尊重しかつ促進するものとし、文化的及び芸術的な活動並びにレクリエーション及び余暇の活動のための適当かつ平等な機会の提供を奨励する。

第三二条　締約国は、児童が経済的な搾取から保護され及び危険となり若しくは児童の教育の妨げとなり又は児童の健康若しくは身体的、精神的、道徳的若しくは社会的な発達に有害となるおそれのある労働への従事から保護される権利を認める。

2　締約国は、この条の規定の実施を確保するための立法上、行政上、社会上及び教育上の措置をとる。このため、締約国は、他の国際文書の関連規定を考慮して、特に、

(a)　雇用が認められるための1又は2以上の最低年齢を定める。

(b)　労働時間及び労働条件についての適当な規則を定める。

(c)　この条の規定の効果的な実施を確保するための適当な罰則その他の制裁を定める。

第三三条　締約国は、関連する国際条約に定義された麻薬及び向精神薬の不正な使用から児童を保護し並びにこれらの物質の不正な生産及び取引における児童の使用を防止するための立法上、行政上、社会上及び教育上の措置を含むすべての適当な措置をとる。

第三四条　締約国は、あらゆる形態の性的搾取及び性的虐待から児童を保護することを約束する。このため、締約国は、特に、次のことを防止するためのすべての適当な国内、二国間及び多数国間の措置をとる。

(a)　不法な性的な行為を行うことを児童に対して勧誘し又は強制すること。

(b)　売春又は他の不法な性的な業務において児童を搾取的に使用すること。

(c)　わいせつな演技及び物において児童を搾取的に使用すること。

第三五条　締約国は、あらゆる目的のための又はあらゆる形態の児童の誘拐、売買又は取引を防止するためのすべての適当な国内、二国間及び多数国間の措置をとる。

第三六条　締約国は、いずれかの面において児童の福祉を害する他のすべての形態の搾取から児童を保護する。

第三七条　締約国は、次のことを確保する。

(a)　いかなる児童も、拷問又は他の残虐な、非人道的な若しくは品位を傷つける取扱い若しくは刑罰を受けないこと。死刑又は釈放の可能性がない終身刑は、十八歳未満の者が行った犯罪について科さないこと。

(b)　いかなる児童も、不法に又は恣意的にその自由を奪われないこと。児童の逮捕、抑留又は拘禁は、法律に従って行うものとし、最後の解決手段として最も短い適当な期間のみ用いること。

(c)　自由を奪われたすべての児童は、人道的に、人間の固有の尊厳を尊重して、かつ、その年齢の者の必要を考慮した方法で取り扱われること。特に、自由を奪われたすべての児童は、成人とは分離さ

れないことがその最善の利益であると認められない限り成人とは分離されるものとし、例外的な事情がある場合を除くほか、通信及び訪問を通じてその家族との接触を維持する権利を有すること。

(d) 自由を奪われたすべての児童は、弁護人その他適当な援助を行う者と速やかに接触する権利を有し、裁判所その他の権限のある、独立の、かつ、公平な当局においてその自由の剥奪の合法性を争い並びにこれについての決定を速やかに受ける権利を有すること。

第三八条　締約国は、武力紛争において自国に適用される国際人道法の規定で児童に関係を有するものを尊重し及びこれらの規定の尊重を確保することを約束する。

2　締約国は、15歳未満の者が敵対行為に直接参加しないことを確保するためのすべての実行可能な措置をとる。

3　締約国は、15歳未満の者を自国の軍隊に採用することを差し控えるものとし、また、15歳以上18歳未満の者の中から採用するに当たっては、最年長者を優先させるよう努める。

4　締約国は、武力紛争において文民を保護するための国際人道法に基づく自国の義務に従い、武力紛争の影響を受ける児童の保護及び養護を確保するためのすべての実行可能な措置をとる。

第三九条　締約国は、あらゆる形態の放置、搾取若しくは虐待、拷問若しくは他のあらゆる形態の残虐な、非人道的な若しくは品位を傷つける取扱い若しくは刑罰又は武力紛争による被害者である児童の身体的及び心理的な回復及び社会復帰を促進するためのすべての適当な措置をとる。このような回復及び復帰は、児童の健康、自尊心及び尊厳を育成する環境において行われる。

第四〇条　締約国は、刑法を犯したと申し立てられ、訴追され又は認定されたすべての児童が尊厳及び価値についての当該児童の意識を促進させるような方法であって、当該児童が他の者の人権及び基本的自由を尊重することを強化し、かつ、当該児童の年齢を考慮し、更に、当該児童が社会に復帰し及び社会において建設的な役割を担うことがなるべく促進されることを配慮した方法により取り扱われる権利を認める。

2　このため、締約国は、国際文書の関連する規定を考慮して、特に次のことを確保する。

(a) いかなる児童も、実行の時に国内法又は国際法により禁じられていなかった作為又は不作為を理由として刑法を犯したと申し立てられ、訴追され又は認定されないこと。

(b) 刑法を犯したと申し立てられ又は訴追されたすべての児童は、少なくとも次の保障を受けること。(i) 法律に基づいて有罪とされるまでは無罪と推定されること。(ii) 速やかにかつ直接に、また、適当な場合には当該児童の父母又は法定保護者を通じてその罪を告げられること並びに防御の準備及び申立てにおいて弁 護人その他適当な援助を行う者を持つこと。(iii) 事案が権限のある、独立の、かつ、公平な当局又は司法機関により法律に基づく公正な審理において、弁護人その他適当な援助を行う者の立会い及び、特に当該児童の年齢又は境遇を考慮して児童の最善の利益にならないと認められる場合を除くほか、当該児童の父母又は法定保護者の立会いの下に遅滞なく決定されること。(iv)供述又は有罪の自白を強要されないこと。不利な証人を尋問し又はこれに対し尋問させること並びに対等の条件で自己のための証人の出席及びこれに対する尋問を求めること。(v)刑法を犯したと認められた場合には、その認定及びその結果科せられた措置について、法律に基づき、上級の、権限のある、独立の、かつ、公平な当局又は司法機関によって再審理されること。(vi)使用される言語を理解すること又は話すことができない場合には、無料で通訳の援助を受けること。(vii)手続のすべての段階において当該児童の私生活が十分に尊重されること。

3　締約国は、刑法を犯したと申し立てられ、訴追され又は認定された児童に特別に適用される法律及び手続の制定並びに当局及び施設の設置を促進するよう努めるものとし、特に、次のことを行う。

(a)　その年齢未満の児童は刑法を犯す能力を有しないと推定される最低年齢を設定すること。

(b)　適当なかつ望ましい場合には、人権及び法的保護が十分に尊重されていることを条件として、司法上の手続に訴えることなく当該児童を取り扱う措置をとること。

4　児童がその福祉に適合し、かつ、その事情及び犯罪の双方に応じた方法で取り扱われることを確保するため、保護、指導及び監督命令、カウンセリング、保護観察、里親委託、教育及び職業訓練計画、施設における養護に代わる他の措置等の種々の処置が利用し得るものとする。

第四一条　この条約のいかなる規定も、次のものに含まれる規定であって児童の権利の実現に一層貢献するものに影響を及ぼすものではない。

(a)　締約国の法律

(b)　締約国について効力を有する国際法

（以下、省略）

た　行

な　行

は　行

ま　行

や　行

ら　行

索　引

あ　行

か　行

さ　行

❖執筆者紹介（執筆順／担当章，所属，専門分野）

葛生栄二郎（くずう　えいじろう）　編者，序章・第1章
ノートルダム清心女子大学人間生活学部教授，法哲学

阪本　恭子（さかもと　きょうこ）　第2章
ノートルダム清心女子大学人間生活学部講師，哲学・生命倫理学

高塚　延子（たかつか　のぶこ）　第3章
元ノートルダム清心女子大学教授，高齢者福祉学

杉山　博昭（すぎやま　ひろあき）　第4章
ノートルダム清心女子大学人間生活学部教授，社会福祉学

八重樫牧子（やえがし　まきこ）　第5章
川崎医療福祉大学医療福祉学部准教授，児童福祉学

谷口美香子（たにぐち　みかこ）　第6章
ノートルダム清心女子大学人間生活学部講師，高齢者福祉学・障害者福祉学

Horitsu Bunka Sha

2010年3月5日　初版第1刷発行

新・人間福祉学への招待
―新しい福祉学への4つの視座―

編著者　葛 生 栄二郎

発行者　秋　山　　泰

発行所　株式会社法律文化社

〒603-8053　京都市北区上賀茂岩ケ垣内町71
電話 075(791)7131　FAX 075(721)8400
URL:http://www.hou-bun.co.jp/

印刷：中村印刷㈱／製本：㈱藤沢製本
装幀　白沢　正
ISBN 978-4-589-03229-4